21世纪会计系列规划教材 · 通用型

ounting Simulation

会计模拟实验

（第五版）

徐克哲 王柏 主编

东北财经大学出版社 大连
Dongbei University of Finance & Economics Press

图书在版编目（CIP）数据

会计模拟实验／徐克哲，王柏主编．—5 版．—大连：东北财经大学出版社，2024.9
（21 世纪会计系列规划教材·通用型）
ISBN 978-7-5654-5204-8

Ⅰ．会…　Ⅱ．①徐…②王…　Ⅲ．会计学-高等学校-教材　Ⅳ．F230

中国国家版本馆 CIP 数据核字（2024）第 062512 号

东北财经大学出版社出版
（大连市黑石礁尖山街 217 号　邮政编码 116025）
网　　址：http://www.dufep.cn
读者信箱：dufep@dufe.edu.cn
大连图腾彩色印刷有限公司印刷　　东北财经大学出版社发行

幅面尺寸：205mm×285mm　字数：250 千字　印张：14.75　插页：1
2024 年 9 月第 5 版　　2024 年 9 月第 1 次印刷

责任编辑：高　铭　　责任校对：一　心
封面设计：原　皓　　版式设计：原　皓

定价：42.00 元

教学支持　售后服务　联系电话：（0411）84710309

如有印装质量问题，请联系营销部：（0411）84710711

第五版前言

《会计模拟实验》（第五版）是在第四版的基础上，依据财政部《关于印发〈企业会计准则解释第 15 号〉的通知》（财会〔2021〕35 号）、《关于印发〈企业会计准则解释第 16 号〉的通知》（财会〔2022〕31 号）、《关于印发〈企业会计准则解释第 17 号〉的通知》（财会〔2023〕21 号）等最新会计准则的相关规定，结合新时代中国特色社会主义的时代要求编写而成。本书的主要特点有：

第一，以最新的企业会计准则为依据，对各项经济业务处理既阐述了理论依据又示范了实务方法。全书覆盖的经济业务范围广、类型多，涵盖了日常业务、成本核算、非日常业务等。以实务为主，理论联系实际，达到学以致用的目的。

第二，以会计的基本理论为基础，着重论述各经济业务的处理方法。在要求会计人员掌握会计理论的同时，对会计人员的职业判断和综合能力提出了更高的要求，不但要了解企业会计准则及应用指南的要求，还要充分理解和掌握准则的内在联系，恰当地运用准则进行职业判断和实务操作。

第三，注重与相关知识结合，理论联系实际。根据国家税务总局最新实施的增值税数电票，对经济业务相关原始凭证进行了修订。

党的二十大报告指出："教育、科技、人才是全面建设社会主义现代化国家的基础性、战略性支撑。"教育肩负着特殊而重大的使命，直接关系到党和国家事业发展全局，战略地位和作用更加凸显。为全面贯彻党的教育方针，落实立德树人的根本任务，培养德智体美劳全面发展的社会主义建设者和接班人，我们要紧紧围绕提高人才自主培养质量，推进人才培养模式改革，系统构建创新人才培养体系，提升拔尖创新人才培养能力，源源不断地输送能够担当民族复兴大任的时代新人。

基于上述原因，第五版教材不仅充分体现了我国企业会计准则理论的深度与广度，更体现了实用性和时效性。本书适合在学习完"基础会计""中级财务会计""成本会计"等会计专业核心课程的基础上，进行仿真实操的会计类专业实践课程时使用。本书具有很强的实操性，能够适应会计教学改革发展和高校会计类财经专业人才培养目标的需要。

本书由吉林财经大学徐克哲、吉林工商学院王柏主编，吉林财经大学邢赢予参编。全书由七个部分和一个附录构成，其中第一部分至第二部分由徐克哲编写、修订；第三部分至第五部分及附录由邢赢予编写、修订；第六部分至第七部分由王柏编写、修订。本书提供了部分实验所需会计凭证、账簿、财务报表的样本，老师在进行模拟实验时可根据需要自行准备。本书既可以作为高等院校会计专业开设会计模拟实验课程的教材，也可以作为非会计专业开设财务会计课程习题课的教材。

在本书的编写和修订过程中，吉林财经大学研究生院卢相君院长、会计学院王艳龙老师、东北财经大学出版社高铭编辑等做了大量工作，并提出了许多宝贵的意见和建议，在此表示由衷的感谢！

由于编者时间仓促，加之水平有限，书中缺点与不足之处在所难免，恳请读者批评指正。

编　者

2024 年 7 月

目　录

第一部分

模拟实验企业概况

一、企业基本情况

企业名称：吉星股份有限公司
公司地址：非凡市南湖大路 224 号
联系电话：66699988
法定代表人：张福堂
注册资金：500 万元人民币
企业类型：股份有限公司
经营范围：主要从事机械产品的生产和销售
纳税人识别号：002362255741589786
开户银行：中国工商银行非凡市经开支行（基本存款账户）
银行账号：46203588325484

二、管理人员及财务人员情况

董事长（法定代表人）：张福堂
总经理：张福堂
财务总监：赵一平
财务部经理：王其刚
出纳员（在实验中由读者代填）：
成本会计（兼固定资产核算，在实验中由读者担任）：
往来会计（兼债权债务核算，在实验中由读者担任）：
存货会计（在实验中由读者担任）：

三、生产组织情况

企业设置行政管理部、财务部、销售部、供应部、生产车间（如图 1-1 所示）。

生产车间
- 基本生产车间：负责加工生产 A、B 两种产品
- 辅助生产车间（机修车间）：负责机器的维修、修理
- 辅助生产车间（热力车间）：负责提供热力服务

图 1-1　生产车间分类

第二部分

模拟实验企业会计制度

一、财务人员职责

1. 财务总监

财务总监负责企业财务会计管理与监督、财会内部控制机制建设和重大财务事项的监管。

2. 财务部经理

财务部经理负责主持、组织并督促部门人员全面完成财务部的各项核算、监督、内部控制等财务核算管理工作；负责组织公司的财务管理制度、会计成本核算规程、成本管理会计监督及有关的财务专项管理制度的拟定、修改、补充和实施；组织、领导编制公司财务计划，审查财务计划；负责向公司总经理、主管副总经理汇报财务状况和经营成果等情况。

3. 会计（材料、成本、债权债务核算及稽核等）

会计负责按国家相关制度规定设置账簿并进行会计核算，编制财务报表；做好产品成本的计算及分析工作；按期计算缴纳各种税款；编制银行存款余额调节表等。

4. 出纳员

出纳员负责根据《中华人民共和国现金管理暂行条例》的规定，办理现金收支业务及银行结算业务；根据已审核的收、付款凭证，序时、逐笔登记库存现金日记账和银行存款日记账；检查备用金的使用情况；保管库存现金、有价证券、空白银行结算凭证及发票收据等；保证所管印章的安全和完整。

【课堂拓展】

党的二十大报告要求“守住不发生系统性风险底线”。在企业的经营活动中，风险无处不在、无时不有，财务人员应该了解风险的含义及衡量方式，履职尽责。提供真实、准确、完整的反映经济活动状况、经营成果、现金流量的会计信息，是对财务人员的基本要求。

加强会计人员的自我教育，是培养会计人员良好的道德品质、解决会计诚信缺失的关键。要加强会计诚信建设，使诚信成为会计人员的内在品质，让会计人员从行为上、思想上真正改变自身。会计诚信建设是一个漫长的过程，它需要会计人员长期坚持，是不断提高自身修养、改造自身的过程。会计人员要增强自身的诚信意识，在工作中不断反省自身，不断深化诚信意识，从而加强自身的职业道德精神建设。①

二、账务处理程序

（1）根据原始凭证编制汇总原始凭证。

（2）根据原始凭证或汇总原始凭证，编制记账凭证。

（3）根据收款凭证、付款凭证逐笔登记库存现金日记账和银行存款日记账。

（4）根据原始凭证、汇总原始凭证和记账凭证，登记各种明细分类账。

（5）根据记账凭证编制科目汇总表。

---

① 邱文秀. 会计诚信危机的原因分析及解决对策［J］. 环球市场，2019（7）：74.

（6）根据科目汇总表登记总分类账。

（7）期末，将库存现金日记账、银行存款日记账和明细分类账的余额同有关总分类账的余额核对相符。

（8）期末，根据总分类账和明细分类账的记录，编制财务报表。

延伸阅伸 2-1　科目汇总表账务处理程序流程图

三、会计核算方法

（一）坏账准备的核算

企业采用备抵法对坏账准备进行核算。在备抵法下，设置“坏账准备”账户。根据企业以往的经验、债务单位的实际财务状况和现金流量情况，按期末应收账款余额的 0.5% 计提坏账准备（税法规定：其计提的坏账准备不允许税前扣除）。

（二）备用金的核算

采购员及其他职工出差预支差旅费，回单位后报销。

经财务部核定，企业行政管理部备用金定额为 10 000 元，由专人负责保管。

（三）材料的核算

材料的类别主要有原材料、包装物和低值易耗品，按材料种类分别设置明细账。每种材料按计划成本法进行会计核算。包装物和低值易耗品的摊销采用一次摊销法，在领用新的包装物或低值易耗品时一次性摊销。

（四）对外长期股权投资的核算

企业持有长泰公司 80% 对外发行的股份，采用成本法核算。

（五）固定资产与无形资产的核算

固定资产折旧采用年限平均法，实验中按给定的折旧率于每月月末计提折旧。

无形资产的摊销采用直线法，计入当期损益。

（六）与工资有关的各项经费的计提（企业负担的部分）

职工福利费、工会经费和职工教育经费分别按工资总额的 14%、2%、1.5%[①]计提。

---

① 企业发生的职工教育经费支出，自 2018 年 1 月 1 日起不超过工资薪金总额 8% 的部分，准予在计算企业所得税应纳税所得额时扣除；超过部分，准予在以后纳税年度结转扣除。

（七）产品成本的归集及销售成本的结转

制造费用按生产工时分配。

产品成本采用“品种法”核算，完工产品成本和期末在产品成本按约当产量法划分，期末在产品完工百分比为50%。

辅助生产费用采用直接分配法。

已销产品成本的结转采用月末集中结转的办法。

（八）各种税金计算及核算办法

（1）属于增值税一般纳税人，适用的增值税税率为13%。

（2）适用的企业所得税税率为25%。企业所得税采用“分期预缴，年末汇算清缴”的办法，即以上年实际应缴所得税为基础确认当年预缴所得税税额，每月预缴，年终汇算清缴。

（3）其他税种：按税法相关规定计算。

（九）借款利息费用的会计处理

短期借款利息支出作为企业财务费用进行处理；长期借款利息支出，符合资本化条件的计入资产成本，不符合资本化条件的计入当期财务费用。

（十）资产减值的会计处理

除对应收账款计提坏账准备外，其他资产应根据减值情况计提减值准备。

（十一）所得税费用及利润分配的比例

对所得税采用资产负债表债务法进行核算。

本年利润采用账结法，每月月末均需将各损益类账户的余额转入“本年利润”科目。年度终了，将本年实现的净利润转入“利润分配——未分配利润”账户进行利润分配。

按净利润的10%提取法定盈余公积。

应付股利金额按股东大会决议确定。

延伸阅伸 2-2　我国企业会计准则

第三部分

模拟实验程序及要求

根据企业的会计核算资料进行仿真演练，按“登记期初余额，填制和审核会计凭证，登记账簿，成本核算，对账、结账，编制财务报表”的程序完成一个企业会计核算的过程，全面系统地运用、掌握工业企业会计核算的基本程序和具体方法，加强对会计基本理论的理解，从而为未来从事会计工作打下坚实的基础。

一、熟悉企业情况

熟悉模拟企业的概况，了解模拟企业的会计政策和内部管理要求。

二、建立账簿并登记期初余额

（一）实验要求

（1）根据“实验资料——期初数据”和账页格式建账，设置账户，将科目编号及名称写在相应位置。

（2）根据“实验资料——期初数据”登记各账户的期初余额。

将2023年12月各账户的期初余额（11月末的期末余额）分别登记对应的总分类账、明细账及库存现金日记账、银行存款日记账中，金额（数量、单价）记入每个账户的第一页第一行的余额栏内，日期栏填写12月1日，摘要栏填写“期初余额”；将2023年1—11月份的累计发生额登记到对应的总分类账、明细账的第一页第一行的借、贷栏，日期栏填写12月1日，摘要栏填写“本年累计”。

注意：库存现金日记账、银行存款日记账和总分类账应使用订本账，明细账可采用活页账。总分类账一般采用三栏式账页，原材料、库存商品等明细账应采用数量金额式明细账；生产成本、制造费用、管理费用、财务费用、销售费用、主营业务收入、主营业务成本、应交税费——应交增值税明细账等采用多栏式明细账；债权债务明细账需采用三栏式账簿。

说明：在实际工作中，一般只有新建企业或者新年度开始时才需要建账。由于本实验教材选取的业务是12月份的数据，因此不需要建新账，严格来说也不需要登记期初余额，但为了保证模拟过程的完整性与连续性，假设需要将11月末的余额结转到本期，即建立新账并登记12月份的期初余额。

（二）本环节实务操作提示

1. 建账

所谓建账，就是新建单位和原有单位在新年度开始时，其会计人员根据核算工作的需要，设置账簿的过程。

（1）新建单位建账。

新建单位在建账时需要考虑的问题一般有：

第一，与企业相适应。企业规模与业务量是成正比的。规模大的企业，业务量大，分工也较复杂，需要的会计账簿册数多；企业规模小，业务量也小，甚至一位会计人员可以处理所有经济业务，那么设置账簿时就没有必要设许多账，所有的明细账合成一两本即可。

第二，依据企业管理需要。建账是为了满足企业管理的需要，为管理提供有用的会计信息，所以在建账时应以满足管理需要为前提，避免重复设账、记账。

第三，依据账务处理程序。企业业务量大小不同，所采用的账务处理程序也不同。企业一旦选择了账务处理程序，也就选择了账簿的设置。如果企业采用的是记账凭证账务处理程序，那么企业的总账就要根据记账凭证序时登记，要准备一本序时登记的总账。不同的企业在建账时所需要购置的账簿是不同的。总体来说，设置账簿要根据企业规模的大小、经济业务的繁简、会计人员的多少、采用的核算形式及企业的电算化程度等来确定。

工业企业会计核算涉及内容多，又有成本归集与计算问题，所以工业企业建账是最复杂的。一般而言，工业企业应设置的账簿有：

①库存现金日记账和银行存款日记账。任何企业都会有货币资金核算问题，因此这两种账簿是企业必须设置的。两种账簿各购买一本即可，等使用完毕再购入新账簿也不迟。但是，如果企业开立了两个或两个以上银行存款账号，那么账簿需要量就要视企业的具体情况而定了。

②总分类账。企业可根据业务量的多少购买一本或几本总分类账（一般情况下无须每个科目设一本总账），然后根据企业涉及的业务和会计科目设置总账。原则上讲，企业涉及的会计科目都要有相应的总账账簿（或账页）与之对应。会计人员应估计每一种业务的业务量大小，为每个账户预留账页。在将总账分页使用时，假如总账账页从第 1 页至第 10 页登记现金业务，我们就会在目录中填写“库存现金 1—10”，并且在总账账页的第 1 页至第 10 页“科目名称”处填写“库存现金”；第 11 页至第 20 页为银行存款业务，我们就在目录中填写“银行存款 11—20”，并且在总账账页的第 11 页至第 20 页“科目名称”处填写“银行存款”。以此类推，总账就建好了。

为了方便登记总账，在总账账页分页使用时，最好按资产类、负债类、所有者权益类、成本类、损益类的顺序来分页。

企业要设置的总账通常有库存现金、银行存款、其他货币资金、交易性金融资产、应收票据、应收账款、其他应收款、库存商品、合同资产、持有待售资产、债权投资、其他债权投资、长期应收款、长期股权投资、其他权益工具投资、投资性房地产、固定资产、累计折旧、在建工程、使用权资产、递延所得税资产、无形资产、长期待摊费用、短期借款、应付票据、应付账款、预收账款、合同负债、持有待售负债、租赁负债、其他应付款、应付职工薪酬、应交税费、应付股利、长期借款、应付债券、长期应付款、预计负债、递延收益、递延所得税负债、实收资本（或股本）、资本公积、其他综合收益、盈余公积、未分配利润、本年利润、主营业务收入、主营业务成本、税金及附加、销售费用、管理费用、财务费用、其他业务收入、其他业务成本、其他收益、投资收益、公允价值变动损益、信用减值损失、资产减值损失、资产处置损益、营业外收入、营业外支出、以前年度损益调整、所得税费用等。总账的登记可以根据记账凭证逐笔登记，也可以根据科目汇总表登记，还可以根据汇总记账凭证等进行登记。

由于工业企业会计核算使用的会计科目较多，所以总账账簿的需要量可能会多一些。会计人员在购买时需多购置几本，但也要考虑业务量大小和账户设置的多少。工业企业的存货较多，因此企业应根据存货的不同账户设置相应的总账，还要配合成本计算设置有关成本总账。有关存货的账户有：原材料、在途物资、材料采购、委托加工物资等。成本计算账户包括：基本生产成本、辅助生产成本、制造费用等。

③明细分类账。企业的明细分类账是根据自身管理需要和外界各部门对企业信息资料的需要设置的。企业需设置的明细账有交易性金融资产（根据投资种类和对象设置）、应收账款（根据客户名称设置）、其他应收款（根据应收部门、个人、项目设置）、债权投资（根据投资对象或根据面值、溢价、折价、相关费用设置）、固定资产（根据固定资产的类型设置，另外固定资产明细账不必每年更换新的账页）、短期借款（根据短期借款的种类或对象设置）、应付账款（根据应付账款对象设置）、其他应付款（根据应付款的内容设置）、应付职工薪酬（根据应付项目设置）、应交税费（根据税费

的种类设置)、销售费用、管理费用、财务费用（均按照费用的构成设置）等。企业可根据自身的需要增减明细账的设置。日常根据原始凭证、汇总原始凭证及记账凭证登记各种明细账。无论按怎样的分类方法，各个账户明细账的期末余额之和应与其总账的期末余额相等。

工业企业还应根据上述总账增加相应的明细账。材料按实际成本计价的企业，要设置在途物资明细账，以便核算不同来源材料的实际成本。材料按计划成本计价的企业，要设置材料采购明细账，并采用横线登记法，按材料的类别、品种、规格等登记材料采购的实际成本和发出材料的计划成本，并根据实际成本和计划成本的差异反映材料成本差异。为配合材料按计划成本计价，企业可以设置材料成本差异明细账。它是原材料备抵调整账户。与原材料明细账相同，它也是按材料的类别、品种、规格等设置的，反映材料实际成本与计划成本的差异，并据以计算材料成本差异分配率。

为计算产品成本，要设置基本生产成本明细账和辅助生产成本明细账。基本生产成本明细账也称产品成本明细账或产品成本计算单。企业可根据所选择的成本计算方法，按产品品种、批别、类别、生产步骤等设置基本生产成本明细账。辅助生产成本明细账，反映归集的辅助生产费用或辅助生产成本，以及按一定标准分配出去的辅助生产成本、完工辅助生产产品成本。辅助生产成本明细账的设置应根据辅助生产部门设置。制造费用明细账根据制造费用的核算内容（如工资、折旧费、修理费、低值易耗品摊销、劳保费等）设置。损益类明细账有主营业务收入、主营业务成本、销售费用、管理费用、财务费用、营业外收入、营业外支出、投资收益等。主营业务收入与主营业务成本明细账可根据产品的品种、批别、类别设置，销售费用、管理费用、财务费用明细账按照费用的种类设置，营业外收入、营业外支出明细账根据利得与损失的种类设置，投资收益明细账则根据投资的性质与种类设置。

由于工业企业的成本计算比较复杂，所以为了便于编制凭证，企业在建账时要设计一些计算用表格，如材料费用分配表、领料单、工资费用分配表、折旧费用分配表、废品损失计算表、辅助生产费用分配表、产品成本计算表等。

建账初始，必须购置记账凭证（如果企业现金收付业务较多，在选择时可以购买收款凭证、付款凭证、转账凭证；如果企业收付业务较少，则购买记账凭证（通用）即可）、记账凭证封面、记账凭证汇总表、记账凭证装订线、装订工具等。按照规定，账簿每个账页的正反两面只能设置一个账户。此外，还应准备资产负债表、利润表、现金流量表等空白财务报表。

(2) 年初建账。

在实际工作中，并不是所有的账簿在年初时都需要重新建立。

年初，新建账簿主要有：总账；日记账，包括库存现金日记账和银行存款日记账等；三栏式明细账，如实收资本明细账、短期借款明细账、长期借款明细账、资本公积明细账等；收入、费用明细账。

上述账簿必须每年更换一次，也就是说，需要在年初重新建账。建账方法为：

①总账。

根据所设置的账户往年登记经济业务量的大小，保留足够数量用以登记经济业务的账页，逐一开设账户，建立新账。新建账户时，将上年该账户的余额直接抄入新账户第1页的第1行即可，即通常所说的直接“过账”；同时，在摘要栏内注明“上年结转”或“年初余额”字样，不必填制记账凭证。

②日记账。

将库存现金日记账和银行存款日记账上年年末的期末余额作为本年期初余额直接登记在新账第1页的第1行；“日期”栏内，填写“1月1日”；“摘要”栏内填写“上年结转”或“期初余额”字样；将现金实有数或上年年末银行存款账面数填在“余额”栏内。与新建的总账一样，新建的日记账也不必填制记账凭证。

③三栏式明细账。

三栏式明细账上年末结出余额，本年按明细项目建账；在账页“日期”“摘要”“借或贷”“余额”等相应栏次的第1行分别填写：“1月1日”、“上年结转”、“借（或贷)”及金额等。三栏式明细账账簿明细项目较多的单位，应在所设置的各明细账户首页的上面贴上“口取纸”，注明所开明细账户的名称（明细会计科目），便于使用者翻阅。

④收入、费用明细账。

对于该类账簿，各单位可以根据单位实际经济业务情况开设。收入、支出（费用）业务较多的单位，可分别开设“收入明细账”和“支出明细账”（或“费用明细账”）等。某项收入或费用较多的单位，也可以对某项收入或费用单设账簿，如“主营业务收入明细账”“管理费用明细账”等各种损益类账簿。收入、费用明细账账簿明细项目较多的单位，也应在所设置的各明细账户首页的上面贴上“口取纸”，注明所开明细账户的名称（明细会计科目），便于使用者翻阅。

跨年使用的账簿有：卡片式账簿，如固定资产卡片等；数量金额式明细账，如仓库保管员登记的数量金额式材料明细账、库存商品明细账等；备查账，如租入固定资产备查账和受托加工材料物资备查账（主要记录跨年租赁业务或受托加工业务的会计信息；为便于管理，该类账簿可以连续使用）等；债权债务明细账（也称“往来明细账”）。一些单位的债权债务较多，每更换一次新账的抄写工作量较大，因此该类单位的债权债务明细账可以跨年使用，不必每年更换。但是，如果债权债务尚未结算的部分较少，单位应及时将未结算的债权债务转入下年新设的债权债务明细账中。

2. 年初建账的程序及注意事项

（1）填写扉页。

账簿的扉页即“账簿启用交接表”，用蓝黑墨水笔或碳素墨水笔填写下列各项：

①机构名称：会计主体名称。

②印鉴：单位公章。

③使用账簿页数：在本年度结束时（12 月 31 日）据实填写。

④经管人员：盖相关人员个人名章。更换记账人员时，应在交接记录中填写交接人员姓名、经管和交出时间以及监交人员职务、姓名等。

除填写以上内容外，还要粘贴印花税票并划线。实收资本、资本公积账簿按合计金额的 5‰贴花，其他账簿均按 5 元/本贴花。

（2）预留页码。

总分类账采用订本式账簿，印刷时已事先在每页的左上角或右上角印好页码。由于所有账户的总账均须在一本账簿上体现，所以应给每个账户预先留好页码，如“库存现金”总账预留第 1 页和第 2 页，“银行存款”总账预留第 3 页至第 6 页。应根据单位具体情况为各账户的总账预留页码，并把科目名称及其所在页次填在账户目录中。

由于明细分类账采用活页式账页，在年底归档前可以增减账页，所以不用非常严格地预留账页。

库存现金日记账和银行存款日记账分别登记在其独立的账簿上，因此不存在预留账页的问题。

（3）科目编号及名称写在左（右）上角或中间的横线上。

将科目编号及名称写在左（右）上角或中间的横线上，例如“1001 库存现金”“1002 银行存款”。但要注意的是，如果银行存款要用两张（共 4 页）账页，那么总第 2 页、总第 3 页、总第 4 页都应填写“1002 银行存款”。

（4）结转年初余额。

期初余额有两种类型：

①需要设置账户，但无期初余额：如“1231 坏账准备”账户，编好页码、开好账头即可，其余空置不填。

②非损益类账户年初余额的结转：在账页“年”前填写建账年份，“月”“日”均填“1”，摘要栏填“上年结转”，同时将年初余额填入“余额”栏中并注明借或贷。

3. 数字的书写要求

（1）阿拉伯数字的书写要求。

①字迹要清晰。书写数字要整洁、美观、大小一致，笔划粗细一致，不得连笔写或字迹模糊、难

以辨认。书写时切忌拖泥带水、附加不必要的笔锋和甩锋。

②位置要适当。书写数字时应从高位写起，从左到右依次写出各位数字。数字要下贴底线，高度为1/2，不能顶格写，便于发现书写错误后进行改动。但是，“6”的上半部分应斜伸出上半格的1/4高度，“7”和“9”上低下半格的1/4，下伸次行上半格的1/4处。总体要求向右倾斜大约60度。

③保持均衡的间距。每个数字要大小一致，数字间的空隙应均匀，约半个数字大小，不宜过大，以防被添加数字。在印有数位线的凭证、账簿、报表上，每一格只能写一个数字，不得几个数字挤在一个格里，也不得在数字中间留有空格。

④为防止被模仿或涂改，会计人员要保持个人的书写规律和特色：“1”应居中写并不可写得过短，以防被改为“4”“6”“7”“9”。“2”的底部上绕，以免被改为“3”。“4”的顶部不封口，写第1笔画时应上抵中线，下至下半格的1/4处，并注意“4”的中竖要明显比“1”短。“6”的竖划应偏左，“4”“7”“9”的竖划应偏右。“6”的竖划应上提为一般数字的1/4，“7”“9”的竖划可下拉出格至一般数字的1/4。书写“6”时下圆要明显，以防止改写为“8”。“8”有两种笔顺，都起笔于右上角，结束于右上角。写“8”时，上边要稍小，下边稍大，可以斜“S”起笔也可直笔起笔，终笔与起笔交接处应成菱角，以防止将“3”改为“8”。“6”“8”“9”“0”的圆圈必须封口。

（2）大写金额数字的书写要求。

①用正楷字体或行书字体书写。根据文字书写标准化、规范化要求和保证大写金额清楚、易认、防止涂改的要求，应一律使用正楷字体或行书字体书写，如壹（壹）、贰（贰）、叁（叁）、肆（肆）、伍（伍）、陆（陆）、柒（柒）、捌（捌）、玖（玖）、拾（拾）、佰（佰）、仟（仟）、万（万）、亿（亿）、圆（圆）及元（元）、角（角）、分（分）、零（零）、整（整）或正（正）等字样。不得用一、二、三、四、五、六、七、八、九、十、百、千、另、园等字样书写，更不得自造简化字。

②“人民币”与数字之间不得留有空白。在有固定格式的重要凭证中，大写金额栏一般都印有“人民币（大写）”字样。书写时，金额数字应紧接着“人民币”后面填写，之间不能留有空白。大写金额没有印“人民币”字样的，应在大写金额数字前填写“人民币”三个字。

③中文大写金额数字到“元”为止的，在“元”之后应写“整”字；到“角”为止的，在“角”之后可以不写“整”字。大写金额数字有“分”的，“分”后面不写“整”字。

④阿拉伯数字金额中间有“0”时，汉字大写金额要写“零”字，如￥101.50的汉字大写金额应写成“人民币壹佰零壹圆伍角整”。

⑤阿拉伯数字金额中间连续有几个“0”时，汉字大写金额中可以只写一个“零”字，如￥1 004.56的汉字大写金额应写成“人民币壹仟零肆圆伍角陆分”。

⑥阿拉伯数字金额元位是“0”，或数字中间连续有几个“0”，元位也是“0”，但角位不是“0”时，汉字大写金额可只写一个“零”字，也可不写“零”字，如￥1 320.56的汉字大写金额应写成“人民币壹仟叁佰贰拾圆零伍角陆分”或“人民币壹仟叁佰贰拾圆伍角陆分”。又如，￥1 000.56的汉字大写金额应写成“人民币壹仟圆零伍角陆分”或“人民币壹仟圆伍角陆分”。

⑦小写金额数字角位是“0”，而分位不是“0”时，大写金额“元”字后必须写“零”字，如“￥637.09”的大写金额数字应写成“人民币陆佰叁拾柒圆零玖分”。

（3）票据出票日期的书写要求。

票据的出票日期必须使用中文大写。在填写月、日时，月为壹、贰和壹拾的，日为壹至玖和壹拾、贰拾和叁拾的，应在其前加“零”；日为拾壹至拾玖的，应在其前面加“壹”。如：2月12日，应写成零贰月壹拾贰日；10月20日，应写成零壹拾月零贰拾日。票据出票日期使用小写填写的，银行不予受理。大写日期未按要求规范填写的，银行可予受理，但由此造成损失的，由出票人自行承担。

三、填制和审核会计凭证

（一）实验要求

（1）根据提供的“实验资料——经济事项”和“实验凭证”，整理或填制有关经济业务的原始凭证，分类编制记账凭证，并将原始凭证附于有关的记账凭证之后。

（2）记账凭证和账簿一般用蓝黑墨水笔或碳素墨水笔填写、登记，退货、红字更正及期末结账划线时用红色墨水笔填写。

（二）本环节实务操作提示

1. 会计凭证

会计凭证是记载经济业务，明确经济责任，作为记账依据的书面证明。按编制的程序和用途不同，会计凭证可分为原始凭证和记账凭证两大类。

原始凭证包括各种发票、工资表等各种单据。根据来源不同，原始凭证可分为自制原始凭证和外来原始凭证。

记账凭证，即会计人员根据审核无误的原始凭证，按照借贷记账法填制的会计凭证。按照所反映的经济业务的内容不同，记账凭证可分为收款凭证、付款凭证和转账凭证。为简化手续，本实验采用通用记账凭证。

2. 会计凭证填制要求

（1）原始凭证填制要求。

①要正确选用原始凭证。

经办人员在填制原始凭证时，要对经济业务的内容进行审核，经审核无误后才能动手填制原始凭证，应根据经济业务的性质填制相应种类的凭证。例如，销售货物，要对外开具发票；领用材料，要填制领料单。

②填制项目要齐全，手续要合法。

A. 原始凭证必须具备的内容：凭证的名称；填制凭证的日期；填制凭证单位名称或填制人姓名；经办人员的签名或签章；接受凭证单位名称；经济业务的内容、数量、单价和金额。单位自制凭证上所列的辅助内容（如限额数字、计划数字等）也必须填制齐全。

B. 从外单位取得的原始凭证，必须盖有填制单位的公章；从个人取得的原始凭证，必须有经办单位负责人或其指定人员的签名或盖章。对外开出的原始凭证，必须加盖本单位公章。

C. 凡填有大写和小写金额的原始凭证，大写和小写金额必须相符。购买实物的原始凭证，必须有验收证明。支付款项的原始凭证，必须有收款单位和收款人的收款证明。

D. 一式几联的原始凭证，应当注明各联的用途，并只能以一联作为报销凭证。一式几联的发票和收据必须用双面复写纸套写，并连续编号。原始凭证作废时应加盖“作废”戳记，连同存根一起保存，不得撕毁（税控发票一般没有存根联）。

E. 发生销货退回时，除填制退货发票外，还必须取得对方的收款收据或汇款银行的凭证，不得以退货发票代替收据。

F. 职工出差借款收据必须附在记账凭证上；收回借款时，应另开收据或退还借据副本，不得退还原借款收据。

G. 需要经过上级批准的经济业务，应将批准文件作为原始凭证附件。如果批准文件需要单独归档，则应在凭证上注明批准机关名称、日期和文件字号。

（2）记账凭证填制要求。

单位发生的每笔经济业务，都应根据审核无误的原始凭证正确填制记账凭证。填制记账凭证的要求主要有：

①准确填制日期。

填制日期可能与后附原始凭证日期一致，也可能晚于原始凭证日期，但一定不能早于原始凭证日期。

②顺序编号。

每个月的业务都从1号顺序往下排。同一笔业务，需要填制两张以上记账凭证的，以“分数编号法”编号。

③填写摘要。

记账凭证摘要栏的内容是对经济业务的简要说明，是登记账簿的重要依据，必须针对不同性质经济业务的特点，考虑登记账簿的需要，正确填写，不可漏填或错填。“摘要”应该把经济业务的要点摘出来，简明扼要，但至少是一句话，有时主语可以省略，如“收到凌光公司汇来预付货款”；有时主语不能省略，如“曹军因公出差广州报销差旅费”等。

④正确使用会计科目。

每笔业务都应按规定填制正确的会计科目，包括总账科目和明细科目。

⑤规范地填写金额。

A. 金额应与所附原始凭证一致。

B. 没有角分的数字要补充“00”。

C. 最后一行合计数前要加“￥”符号。

D. “金额”栏登记的金额应与“借方科目”或“贷方科目”相对应，或与“科目”“二级或明细科目”分别对应。

⑥划去空行。

记账凭证中无数字的空白行次应用斜线“/”划销，从贷方最后一个数的下一行划至借方合计数的上一行。

⑦注明附件张数。

收付款业务一般按自然张数计算，即有一张算一张；差旅费报销单的附件，只填报销单的张数。当一张或几张原始凭证为几张记账凭证所共用时，可将原始凭证附在一张主要的记账凭证后面，并在摘要栏内注明“附件包括第××号记账凭证”，在其他记账凭证附件栏内注明“见第××号记账凭证”，以便查阅。如果一张原始凭证所列支出需要几个单位共同负担，应就其他单位负担的部分给对方开具原始凭证分割单，进行结算。结账和更正错误的记账凭证，可以不附原始凭证。

⑧“过账符号”栏。

根据记账凭证登记有关账簿后，在“过账符号”栏划“√”，表示已经登记入账，避免重记、漏记；在登记账簿之前，该栏没有记录。

⑨最后，由填制人及其他相关人员签字或盖章。

3. 会计凭证的审核

（1）原始凭证的审核。

①对每张原始凭证的真实性、合法性、合理性进行审核。

②完全符合要求的原始凭证，应及时据以编制记账凭证并登记入账；真实、合法、合理但内容不够完整、填写有错误的原始凭证，应退回有关经办人员，由其负责将有关凭证补充完整、更正错误或重开后，再办理正式的会计手续；对于不真实、不合法的原始凭证，会计机构、会计人员有权不予接

受，并应向单位负责人报告。

（2）记账凭证的审核。

①审核记账凭证内容：包括审核记账凭证是否附有原始凭证、记账凭证的内容与所附原始凭证的内容是否相符等。

②审核会计处理方法：包括审核会计科目的应用是否正确、二级或明细科目是否齐全、科目对应关系是否清晰以及金额是否正确等。

③审核其他有关项目是否全部填列齐全、有关人员是否签字或盖章。

4. 错误凭证的更正

（1）原始凭证的更正。

①原始凭证所记载的各项内容均不得涂改。经涂改的原始凭证即为无效凭证，不能据以填制记账凭证、登记会计账簿。

②原始凭证记载的内容有错误的，应当由开具单位重开或更正。更正工作必须由原始凭证出具单位进行，并在更正处加盖出具单位印章。

③原始凭证金额错误的，不得更正，只能由原始凭证开具单位重新开具。

（2）记账凭证的更正。

①填制时（未入账）发现记账凭证有误，应当重新填制。

②已登记入账记账凭证错误的更正。

A. 在当年内发现记账凭证填写错误。

记账凭证除金额以外发生错误的：先用红字填写一张与原内容相同的记账凭证，在摘要栏注明“注销某月某日某号凭证”字样；再用蓝字重新填制一张正确的记账凭证，注明“订正某月某日某号凭证”字样。

如果会计科目没有错误，只是金额错误，可将正确数字与错误数字之间的差额另编一张调整的记账凭证。调增金额用蓝字，调减金额用红字。

B. 发现以前年度记账凭证有误。

发现以前年度记账凭证有误的，应当用蓝字填制一张更正的记账凭证。

四、登记账簿

（一）实验要求

根据上步骤填制和审核的记账凭证：

（1）涉及库存现金、银行存款记录的，登记库存现金日记账、银行存款日记账。

（2）根据有关的记账凭证及所附原始凭证或原始凭证汇总表，登记相关的明细账。

（3）每半月，根据记账凭证编制“科目汇总表”，并利用科目汇总表进行试算平衡；最后，根据科目汇总表登记总分类账。

（二）本环节实务操作提示

1. 账簿

账簿是指由具有一定格式的账页组成的，以会计凭证为依据，序时、分类地记录和反映经济业务的簿籍。

2. 登记账簿

登记账簿就是依据经过审核无误的记账凭证，按照借贷记账法的特点，分门别类地把经济业务登记到有关账户中去，以便完整、系统地反映每一账户借方、贷方金额的增减变动及余额情况。登记账簿时，既要登记总账，也要登记明细账，贯彻总账与明细账平行登记的要点：同时、同向、等额。日记账主要包括库存现金日记账和银行存款日记账，由出纳人员根据记账凭证中涉及库存现金和银行存款的记录，按时间先后顺序逐日逐笔登记。

3. 账簿登记规则

（1）记账用笔。

登记账簿一律使用蓝黑墨水笔或碳素墨水笔，不得使用圆珠笔和铅笔。

下列情况可以用红色墨水笔记账：

①记账凭证数字为红字。

②在不设借贷栏的多栏式账户中登记相反的数字。

③在三栏式账户的余额栏前未印明余额方向的，在余额栏内登记负数余额。

④会计制度规定使用红字登记的其他业务。

（2）记账日期。

“记账日期”必须填写记账凭证的日期，不一定是登记账簿的当天。“年”一栏，每页账只填写一次；“月”一栏，每页账和每月第一笔账填写一次。每笔业务都要填写日期，不能空置不填，也不能用“……”代替。

（3）凭证编号。

“凭证编号”一栏按记账凭证上的编号填写。

（4）摘要。

账簿上的摘要一般按记账凭证上的内容填列，有的可以针对账户的具体情况摘其要点，以确切反映其内容。文字一律顶左线书写。

（5）发生额。

总账按科目汇总表上对应的金额直接登记，明细账必须根据附件逐笔逐项登记。

（6）结计余额。

库存现金日记账和银行存款日记账应每日结计余额；债权债务及存货类账户应按每笔业务结计余额，以保证随时掌握余额情况；其他账户应每月结计余额。余额前应标明“借”或“贷”。无余额的，应在余额栏内用“θ”表示，并在“借或贷”栏填写“平”字。

（7）过次页、承前页。

每页的业务只能登记至倒数第 2 行。每页最后一行填写“过次页”，次页的第 1 行填写“承前页”。过次页数字的填写要考虑以下不同情况：

①需要结计本月发生额的账户，过次页的数字应为月初至本页最后一笔发生额的合计数。

②只需要结计本年发生额的账户，过次页的数字应为年初至本页最后一笔发生额的合计数。

③不需要结计本月发生额，也不需要结计本年发生额的账户，只要将本页末的余额结转次页即可。

（8）做好记账符号。

每登记一笔业务，必须在记账凭证的记账符号专栏内打“√”，表示已登记账簿，以防止重记或漏记。

（9）不得隔页跳行。

发生隔页，应加盖“此页空白”印章；发生跳行，应将空行的金额栏打斜线注销，或注明“此行空白”印章。

（10）订本式账簿一般都编有账页的顺序号，不得任意撕毁。活页式账簿的账页在启用后，除经会计主管人员同意外，也不得随便调换。

4. 错账更正

会计账簿严禁挖补、刮擦、涂改或用药水消除字迹；发生错误后，应运用正确的方法更正。更正错账的方法一般有划线更正法、红字更正法、补充登记法。

五、成本核算

（一）实验要求

（1）根据资料登记制造费用明细账及生产成本明细账。

（2）编制“制造费用分配表”“产品成本计算表”，并进行成本计算。

（3）结转完工产品成本。

（二）本环节实务操作提示

1. 一般工业企业成本核算程序

生产成本的计算，是将通过生产费用核算分配到各成本计算对象上的费用进行整理，按成本项目归集，并在此基础上进行产品成本计算。如果本期投产的产品本期全部完工，则所归集的费用总数即为完工产品成本；如果期末有尚未完工的在产品，则需采用适当方法将按成本项目归集起来的各项费用在完工产品和在产品之间进行分配，并计算出完工产品的成本。

成本核算的一般程序为：

①对企业的各项支出、费用进行严格的审核和控制，并按照国家统一会计制度确定计入产品成本的直接材料、直接人工和制造费用。

②将应计入产品成本的各项成本区分为应当计入本月产品的成本与应当由其他月份产品负担的成本。

③将应计入本月产品的各项生产成本在各种产品之间按照成本项目进行归集和分配，计算出各种产品的成本。

④对于月末既有完工产品又有在产品的产品，将其生产费用（月初在产品生产费用与本月生产费用之和）在完工产品与月末在产品之间进行分配，计算出该种产品的完工产品成本和月末在产品成本。

2. 生产成本在完工产品和在产品之间分配的方法

月末，如果既有完工产品又有在产品，则产品成本明细账中归集的月初在产品生产成本与本月发生的成本之和应当在完工产品与月末在产品之间采用适当的分配方法进行分配和归集，以计算完工产品和月末在产品的成本。

企业应当根据在产品数量的多少、各月在产品数量变化的大小、各项成本比重的大小以及定额管理基础的好坏等具体条件，采用适当的分配方法，将生产成本在完工产品和在产品之间进行分配。常用的分配方法有不计算在产品成本法、在产品按固定成本计价法、在产品按所耗用直接材料成本计价法、约当产量比例法、在产品按定额成本计价法、定额比例法等。

3. 产品成本的计算方法

生产成本归集分配完毕后，应按成本核算的对象编制成本计算单，并选择一定的成本计算方法，计算各种产品的总成本和单位成本。企业在进行成本计算时，应当依据其生产经营特点、生产经营组织类型和成本管理要求，确定成本计算方法。成本计算的基本方法有品种法、分批法和分步法。品种法是指以产品品种为成本核算对象，归集和分配生产成本，计算产品成本的一种方法；分批法亦称订单法，是指以产品的批别作为产品成本核算对象，归集生产成本，计算产品成本的一种方法；分步法是指以生产过程中的各个加工步骤（分品种）为成本核算对象，归集生产成本，计算各步骤半成品及产成品成本的一种方法。

六、对账、结账

（一）实验要求

（1）在本月全部经济业务已登记入账的基础上，编制“试算平衡表”，核对发生额、余额是否平衡，以检查账簿记录的正确性。

（2）对账，即将总账与日记账、总账与明细账等分别进行核对。

（3）按会计基础工作规范的要求结账。

（二）本环节实务操作提示

1. 对账方法

（1）账证核对。

账证核对主要是核对会计账簿记录与原始凭证、记账凭证中的凭证字号、内容、金额及记账方向是否一致。

（2）账账核对。

账账核对就是核对不同会计账簿之间的账簿记录是否相符，包括总账有关账户之间的余额核对，总账与明细账核对，总账与日记账核对，会计部门的财产物资明细账与财产物资保管和使用部门的有关明细账核对等。

（3）账实核对。

账实核对是核对会计账簿记录与财产实有数额是否相符，包括库存现金日记账账面余额与现金实际库存数相核对，银行存款日记账账面余额定期与银行对账单相核对，各种财产物资明细账账面余额与财产物资实存数额相核对，各种应收、应付款明细账账面余额与有关债权、债务单位或个人相核对等。

2. 结账前应做的准备工作

在结账前，必须将本期内所发生的各项经济业务全部登记入账。另外，应及时调整期末需调整的账项，按照权责发生制的要求，查对有关收入和费用是否需要进行账项调整。在结账前，要事先进行对账，以保证账证相符、账账相符、账实相符；妥善处理应收、应付及暂收、暂付款的清偿事宜，力争减少呆账和坏账损失的发生。在确认当期发生的经济业务、调整账项及有关转账业务全部登记入账后，可办理结账手续，结计总分类账、库存现金日记账、银行存款日记账、明细分类账各账户的当期发生额、余额，并结转至下期账簿中。

3. 结账方法

结账的标志就是在每一张账页上根据不同情况划单红线或双红线。

开始结账前，应在本会计期间最后一笔业务下划一条单线，从摘要栏划起划至余额栏的分位止。需要结计本月发生额合计、本季发生额合计和本年累计发生额的账户，应在结账线下的摘要栏内填写

“本月合计”“本季合计”“本年累计”，并在日期栏划一条通栏线，以示结账结束以及将上下两个不同的会计期间分隔开。月结线划通栏单线；年结线划通栏双线，以示封账。结账线一般划红线。年末如有余额，在年结线下的摘要栏内填写“结转下年”，发生额、余额均不填写；如无余额，空置不填。

全月只发生一笔业务的账户，不结计本月合计数，在这一笔业务下划一条通栏单线即可，以示与下月业务分开；但如果为年结，则仍然要划通栏双线；如果需要结计本年累计发生额，则仍应按结计本年累计的方法划线。

全月最后一笔账应结计余额并注明借或贷；无余额的，应在余额栏内用“θ”表示，并在“借或贷”栏填“平”。

在实际工作中，库存现金日记账、银行存款日记账都应结计本月合计、本年累计。结账时，如果余额出现负数，可以在余额栏用红字登记，但如果余额栏前有余额方向“借或贷”，则应用蓝黑墨水书写，不能使用红色墨水。

七、编制财务报表

（一）实验要求

（1）根据总账、明细账资料编制实验企业 2023 年 12 月 31 日的资产负债表。

（2）根据总账、明细账资料编制实验企业 2023 年度的利润表。

（3）根据总账、明细账资料编制实验企业 2023 年度的现金流量表（略）。

（二）本环节实务操作提示

1. 财务报表

财务报表是会计要素确认、计量的结果和综合性描述。投资者等报表使用者通过全面阅读和综合分析财务报表，可以了解和掌握企业过去和当前的状况，预测企业未来的发展趋势，从而作出相关决策。一套完整的财务报表至少应当包括“四表一注”，即资产负债表、利润表、现金流量表、所有者权益（或股东权益，下同）变动表以及附注。

2. 资产负债表的列报方法

（1）资产负债表“期末余额”栏的填列方法。

资产负债表“期末余额”栏内各项数字一般应根据资产、负债和所有者权益类科目的期末余额填列：

①根据总账科目余额填列。

②根据明细账科目余额分析计算填列。

③根据总账科目和明细账科目余额分析计算填列。

④根据有关科目余额减去其备抵科目余额后的净额填列。

⑤综合运用上述填列方法分析填列。

（2）资产负债表“年初余额”栏的填列方法。

资产负债表的“年初余额”栏通常根据上年末有关项目的期末余额填列，且与上年末资产负债表“期末余额”栏一致。企业在首次执行新企业会计准则时，应当按照《企业会计准则第 38 号——首次执行企业会计准则》对首次执行新企业会计准则当年的“年初余额”栏及相关项目进行调整；以后期间，如果企业发生了会计政策变更、前期差错更正，应当对“年初余额”栏中的有关项目进行相应调整。此外，如果企业上年度资产负债表规定的项目名称和内容与本年度不一致，则应当对上年年末资产负债表相关项目的名称和数字按照本年度的规定进行调整，填入“年初余额”栏。

3. 利润表的列报格式和方法

（1）列报格式。

利润表一般有两种：单步式利润表和多步式利润表。单步式利润表是将当期所有的收入列在一起，然后将所有的费用列在一起，二者相减得出当期净损益。多步式利润表是通过对当期的收入、费用、支出项目按性质加以归类，按利润形成的主要环节列示一些中间性利润指标，分步计算当期净损益。

财务报表列报准则规定，企业应当采用多步式列报利润表，将不同性质的收入和费用类别进行对比，从而可以得出一些中间性的利润数据，便于报表使用者理解企业经营成果的不同来源。企业可以分以下三个步骤编制利润表：

第一步，以营业收入为基础，减去营业成本、税金及附加、销售费用、管理费用、研发费用、财务费用，加上其他收益、投资收益（减去投资损失）、净敞口套期收益（减去净敞口套期损失）、公允价值变动收益（减去公允价值变动损失）和信用减值损失、资产减值损失、资产处置收益（减去资产处置损失），计算出营业利润。

第二步，以营业利润为基础，加上营业外收入，减去营业外支出，计算出利润总额。

第三步，以利润总额为基础，减去所得税费用，计算出净利润（或净亏损）。

（2）列报方法。

利润表中的栏目分为“本期金额”栏和“上期金额”栏。“本期金额”栏根据“营业收入”“营业成本”“税金及附加”“销售费用”“管理费用”“财务费用”“其他收益”“投资收益”“净敞口套期收益”“公允价值变动收益”“信用减值损失”“资产减值损失”“资产处置收益”“营业外收入”“营业外支出”“所得税费用”等损益类科目的发生额分析填列。其中，“营业收入”项目为“主营业务收入”与“其他业务收入”科目的发生额合计，“营业成本”项目为“主营业务成本”和“其他业务成本”科目的发生额合计；“研发费用”项目应根据“管理费用”科目下的“研发费用”明细科目的发生额，以及“管理费用”科目下的“无形资产摊销”明细科目的发生额分析填列；“营业利润”“利润总额”“净利润”项目根据利润表中相关项目计算填列。利润表中的“上期金额”栏应根据上年该期利润表“本期金额”栏内所列数字填列。如果上年该期利润表规定的各项目的名称和内容与本期不一致，应将上年该期利润表各项目的名称和数字按本期的规定进行调整，填入本期利润表“上期金额”栏内。

4. 现金流量表的编制

现金流量表的项目主要有：经营活动产生的现金流量、投资活动产生的现金流量、筹资活动产生的现金流量、汇率变动对现金及现金等价物的影响、现金及现金等价物净增加额、期末现金及现金等价物余额等。

八、归档及会计档案保管

（一）实验要求

（1）会计凭证的装订。

①原始凭证应全部附于记账凭证后面，对会计凭证进行必要的整理，如拆掉大头针等。

②以左上角为基准，将会计凭证排列整齐，加上印好的封面，贴好包角，加上封底。

③将会计凭证装订成册。

（2）会计账簿的整理。

用针线将会计明细账簿按左边的圆孔进行装订，并加具目录、封面，避免散失。

（3）粘贴好财务报表。

将财务报表左上角粘贴起来。粘贴顺序为：

①资产负债表；

②利润表；

③现金流量表；

④所有者权益变动表。

（4）妥善保管凭证、账簿、报表。

（二）本环节实务操作提示

1. 会计档案

会计档案是指会计凭证、会计账簿和财务报告等会计核算专业材料，是记录和反映单位经济业务的重要史料和证据。会计核算就是对会计对象进行连续、系统、完整的记录和计算。一个年度会计核算工作结束后，所产生的材料——会计凭证、会计账簿和财务报告就是会计档案。

需要注意的是：会计部门形成的材料很多，只有会计专业核算材料才是会计档案。财务部门经办的有关财会工作的方针、政策、制度、预算、预算指标，计划，工作总结，报告以及往来文书都不属于会计档案的归档范围，应按照文书档案管理办法执行。

2. 会计档案的收集范围

（1）会计凭证类：用来记录经济业务，明确经济责任，据以登记账簿的书面证明文书，包括原始凭证、记账凭证、汇总凭证、其他会计凭证等。

（2）会计账簿类：由固定格式账页组成，以会计凭证为依据，全面、系统、科学地记录和反映各项经济业务的会计簿籍，包括总账、明细账、日记账、固定资产卡片账、各种辅助账簿及其他会计账簿。

（3）财务报告类：用统一的货币计量单位，以账簿记录为主要依据，按规定的表格形式，定期、总括地反映核算单位在一定时期经济活动和财务状况的报告文件，包括月度、季度、年度财务报告，附表、文字说明以及其他财务报告等。

（4）其他：银行存款余额调节表、银行对账单及其他应当保存的会计核算专业资料，以及会计档案移交清册、会计档案保管清册、会计档案销毁清册。

实行会计电算化的单位应当保存打印出的纸质会计档案。具备采用磁性介质保存会计档案条件的，保存在磁性介质上的会计数据、程序文件及其他会计核算资料均应视同会计档案一并管理。

3. 会计凭证的装订

会计凭证的装订是指把定期整理完毕的会计凭证按照编号顺序排序，加封面、封底，装订成册，并在装订线上加贴封签。

会计凭证装订的一般要求是：

①会计凭证应当定期装订成册，防止散失。

②会计凭证封面应当填写完整。会计凭证封面应注明单位名称、凭证种类、凭证张数、起止号数、年度、月份、会计主管人员、装订人员等有关事项，以备日后查阅。会计主管人员和保管人员应在封面上签章。

4. 会计档案的管理

（1）归档。

根据《会计档案管理办法》的规定：当年形成的会计档案，在会计年度终了后，可由单位会计管理机构临时保管一年，再移交单位档案管理机构保管。因工作需要确需推迟移交的，应当经单位档案管理机构同意。

单位会计管理机构临时保管会计档案最长不超过三年。临时保管期间，会计档案的保管应当符合国家档案管理的有关规定，且出纳人员不得兼管会计档案。

（2）保管。

会计档案是重要的会计史料，必须妥善保管。会计档案室应选择在干燥、防水之处，应远离易燃品存放地，并配备相应的防火器材；室内应经常喷洒消毒药剂，注意防鼠、防虫蛀，保持通风、透光，防止潮湿；室内应有适当空间、通道和查阅的地方；要采用透明塑料膜作防尘罩，遮盖所有档案架；应设置归档登记簿、档案目录登记簿和档案借阅登记簿，严格执行登记手续，严防毁坏损失、散失和泄密。会计电算化档案的保管还要注意采取防盗、防磁措施。会计档案的保管期限是指会计档案应予保管的时间长度，分为永久、定期两类。凡是在立档单位会计核算中形成的，记述和反映会计核算的，对工作总结、查考和研究经济活动具有长远利用价值的会计档案，如企业的年度财务报告等，应永久保存；其他会计档案，如会计凭证、会计账簿等，应定期保管。会计档案的定期保管期限分为10年和30年。财政部和国家档案局发布的《会计档案管理办法》对企业和其他组织的会计档案，财政总预算，行政单位、事业单位的会计档案和税收会计档案的保管期限均作了具体规定。各单位各种会计档案的保管期限应遵照执行。企业和其他组织会计档案保管期限见表3-1。

表3-1 **企业和其他组织会计档案保管期限表**

序号	档案名称	保管期限	备注
一	会计凭证		
1	原始凭证	30年	
2	记账凭证	30年	
二	会计账簿		
3	总账	30年	
4	明细账	30年	
5	日记账	30年	
6	固定资产卡片		固定资产报废清理后保管5年
7	其他辅助性账簿	30年	
三	财务会计报告		
8	月度、季度、半年度财务会计报告	10年	
9	年度财务会计报告	永久	
四	其他会计资料		
10	银行存款余额调节表	10年	
11	银行对账单	10年	
12	纳税申报表	10年	
13	会计档案移交清册	30年	
14	会计档案保管清册	永久	
15	会计档案销毁清册	永久	
16	会计档案鉴定意见书	永久	

（3）利用。

各单位保存的会计档案不得借出。如有特殊需要，经本单位负责人批准，可以查阅或者复制，并办理登记手续。查阅或者复制会计档案的人员，严禁在会计档案上涂画、拆封和抽页。档案部门以及档案管理人员应按照有关规定，严格履行自己的职责。

（4）交接。

会计部门整理的会计档案，经档案部门检查验收合格后，双方办理交接手续：会计档案案卷目录一式两份、全引目录一份，经交接双方清点核实；交接文据一式两份，经交接双方签字盖章后各执一份。

5. 会计档案的销毁

会计档案的保管期限从会计年度终了后的第一天算起。《会计档案管理办法》规定，保管期满的会计档案可以按照以下程序销毁：

（1）由本单位档案机构会同会计机构提出销毁意见，编制会计档案销毁清册，列明销毁会计档案的名称、卷号、册数、起止年度以及档案编号、应保管期限、已保管期限、销毁时间等内容。

（2）单位负责人在会计档案销毁清册上签署意见。

（3）销毁会计档案时，应当由档案机构和会计机构共同派员监销。国家机关销毁会计档案时，应当由同级财政部门、审计部门派员参加监销。财政部门销毁会计档案时，应当由同级审计部门派员参加监销。

（4）监销人在销毁会计档案前，应当按照会计档案销毁清册所列内容清点、核对所要销毁的会计档案；销毁后，应当在会计档案销毁清册上签名、盖章，并将监销情况报告本单位负责人。

延伸阅伸 3-1　档案法

第四部分

实验资料——期初数据

一、总账科目及明细账科目余额表

总账科目及明细账科目余额见表 4-1。

表 4-1　　**总账科目及明细账科目余额表**

2023 年 11 月 30 日　　单位：元

科目编码	科目名称	余额	账页格式	方向
1001	库存现金	7 195.00	三栏式	借
100101	库存现金日记账	7 195.00	日记账	借
1002	银行存款	1 706 456.00	三栏式	借
100201	银行存款日记账	1 706 456.00	日记账	借
1012	其他货币资金	154 080.00	三栏式	借
1101	交易性金融资产	133 000.00	三栏式	借
110101	成本	110 000.00	三栏式	借
110102	公允价值变动	23 000.00	三栏式	借
1121	应收票据	83 400.00	三栏式	借
112101	红宇公司	60 000.00	三栏式	借
112102	大宇公司	23 400.00	三栏式	借
1122	应收账款	639 000.00	三栏式	借
112201	华联公司	56 000.00	三栏式	借
112202	德利公司	560 000.00	三栏式	借
112203	科电公司	23 000.00	三栏式	借
112204	冀景公司	0	三栏式	平
1123	预付账款	0	三栏式	平
1221	其他应收款	3 460.00	三栏式	借
1222	应收利息	0	三栏式	平
1223	应收股利	0	三栏式	平
1231	坏账准备	3 195.00	三栏式	贷
1402	材料采购	0	三栏式	平
140201	X 材料	0	多栏式	平
140202	Y 材料	0	多栏式	平
1403	原材料	450 000.00	三栏式	借
140301	X 材料	300 000.00	数量金额式	借
140302	Y 材料	150 000.00	数量金额式	借
1404	材料成本差异	9 320.00	三栏式	借

续表

科目编码	科目名称	余额	账页格式	方向
140401	X 材料	11 000.00	多栏式	借
140402	Y 材料	2 440.00	多栏式	贷
140403	包装物	360.00	多栏式	贷
140404	低值易耗品	1 120.00	多栏式	借
1405	库存商品	370 000.00	三栏式	借
140501	A 产品	120 000.00	数量金额式	借
140502	B 产品	250 000.00	数量金额式	借
1411	包装物	24 000.00	三栏式	借
1412	低值易耗品	56 000.00	三栏式	借
1501	债权投资	528 000.00	三栏式	借
1502	其他债权投资	0	三栏式	平
1503	长期应收款	0	三栏式	平
1511	长期股权投资	158 000.00	三栏式	借
1512	其他权益工具投资	0	三栏式	平
1601	固定资产	9 040 000.00	三栏式	借
1602	累计折旧	3 616 000.00	三栏式	贷
1603	固定资产减值准备	5 000.00	三栏式	贷
1604	在建工程	126 800.00	三栏式	借
1606	固定资产清理	0	三栏式	平
1701	无形资产	128 700.00	三栏式	借
1702	累计摊销	50 000.00	三栏式	贷
1801	长期待摊费用	18 400.00	三栏式	借
1811	递延所得税资产	0	三栏式	平
1901	待处理财产损溢	0	三栏式	平
2001	短期借款	160 000.00	三栏式	贷
2201	应付票据	117 000.00	三栏式	贷
2202	应付账款	81 600.00	三栏式	贷
220201	吉顺运输公司	22 000.00	三栏式	贷
220202	天升公司	59 600.00	三栏式	贷
2203	预收账款	0	三栏式	平
2211	应付职工薪酬	367 820.00	三栏式	贷
2221	应交税费	68 726.00	三栏式	贷
222101	未交增值税	56 700.00	多栏式	贷
222102	应交增值税	0	多栏式	平
222103	应交消费税	12 026.00	三栏式	贷

续表

科目编码	科目名称	余额	账页格式	方向
222105	应交企业所得税	0	三栏式	平
222107	应交个人所得税	0	三栏式	平
2231	应付利息	13 500.00	三栏式	贷
2232	应付股利	0	三栏式	平
2241	其他应付款	6 800.00	三栏式	贷
2501	长期借款	250 000.00	三栏式	贷
2601	应付债券	0	三栏式	平
2701	长期应付款	1 260 000.00	三栏式	贷
2901	递延所得税负债	0	三栏式	平
3001	递延收益	0	三栏式	平
3101	以前年度损益调整	0	三栏式	平
4001	股本	5 000 000.00	三栏式	贷
4002	资本公积	482 834.00	三栏式	贷
4003	其他综合收益	0	三栏式	平
4101	盈余公积	673 546.00	三栏式	贷
4103	本年利润	987 580.00	三栏式	贷
4104	利润分配	537 279.00	三栏式	贷
410401	提取法定盈余公积	0	三栏式	平
410402	提取任意盈余公积	0	三栏式	平
410403	应付股利	0	三栏式	平
410404	未分配利润	537 279.00	三栏式	贷
5001	生产成本	45 069.00	三栏式	借
500101	基本生产成本——A 产品	21 418.00	多栏式	借
500102	基本生产成本——B 产品	23 651.00	多栏式	借
500103	辅助生产成本——机修车间	0	多栏式	平
500104	辅助生产成本——热力车间	0	多栏式	平
5101	制造费用	0	三栏式	平

二、损益类账户 2023 年 1—11 月发生额

损益类账户 2023 年 1—11 月发生额见表 4-2。

表 4-2　　**损益类账户 2023 年 1—11 月发生额**　　单位：元

科目编号	科目名称	借方发生额	贷方发生额	账页格式	月末余额
6001	主营业务收入		15 528 500.00	三栏式	0
600101	A 产品		8 790 080.00	多栏式	0
600102	B 产品		6 738 420.00	多栏式	0
6051	其他业务收入		269 000.00	三栏式	0
6110	其他收益		0	三栏式	0
6111	投资收益		157 000.00	三栏式	0
6112	公允价值变动损益		36 070.00	三栏式	0
6301	营业外收入		25 600.00	三栏式	0
6401	主营业务成本	11 600 954.00		三栏式	0
640101	A 产品	6 850 507.00		多栏式	0
640102	B 产品	4 750 447.00		多栏式	0
6402	其他业务成本	187 965.00		三栏式	0
6403	税金及附加	1 567 800.00		三栏式	0
6601	销售费用	234 068.00		三栏式	0
660101	销售费用明细账	234 068.00		多栏式	0
6602	管理费用	860 403.00		三栏式	0
660201	管理费用明细账	860 403.00		多栏式	0
6603	财务费用	165 800.00		三栏式	0
660301	财务费用明细账	165 800.00		多栏式	0
6701	资产减值损失	23 800.00		三栏式	0
6702	信用资产损失	0		三栏式	0
6703	资产处置损益	0		三栏式	0
6711	营业外支出	57 800.00		三栏式	0
6801	所得税费用	330 000.00		三栏式	0

三、原材料、包装物及低值易耗品明细账

2023 年 11 月原材料、包装物及低值易耗品明细账见表 4-3。

表 4-3　　**原材料、包装物及低值易耗品明细账**　　金额单位：元

科目名称	单位计划成本	结存数量	计量单位	期末余额
原材料				450 000.00
X 材料	200.00	1 500	千克	300 000.00
Y 材料	300.00	500	千克	150 000.00
包装物	80.00	300	件	24 000.00
低值易耗品	160.00	350	件	56 000.00

四、材料成本差异明细账

2023 年 11 月材料成本差异明细账见表 4-4。

表 4-4　**材料成本差异明细账**　金额单位：元

科目名称	期末余额	计划成本差异率	期末差异率
原材料——X 材料	11 000.00	3.67%	1%
原材料——Y 材料	-2 440.00	-1.63%	-2%
包装物	-360.00	-1.5%	2%
低值易耗品	1 120.00	2%	2%
合计	9 320.00	—	—

五、库存商品明细账

2023 年 11 月库存商品明细账见表 4-5。

表 4-5　**库存商品明细账**　金额单位：元

名称	结存数量	单位	单位成本	11 月期末余额
A 产品	200	件	600.00	120 000.00
B 产品	500	件	500.00	250 000.00
合计	—	—	—	370 000.00

六、固定资产明细账

2023 年 11 月固定资产明细账见表 4-6。

表 4-6　**固定资产明细账**　金额单位：元

部门	费用科目	原值	月折旧率	累计折旧	账面净值
生产车间	机器设备	2 000 000.00	1.5%	800 000.00	1 200 000.00
	房屋建筑物	4 500 000.00	0.6%	1 800 000.00	2 700 000.00
机修车间	机器设备	200 000.00	1.8%	80 000.00	120 000.00
	房屋建筑物	600 000.00	0.8%	240 000.00	360 000.00
热力车间	机器设备	500 000.00	1.4%	200 000.00	300 000.00
	房屋建筑物	800 000.00	0.5%	320 000.00	480 000.00
管理部门	运输设备	100 000.00	1.2%	40 000.00	60 000.00
	房屋建筑物	300 000.00	0.6%	120 000.00	180 000.00
销售部门	专用设备	40 000.00	0.5%	16 000.00	24 000.00
合计		9 040 000.00	—	3 616 000.00	5 424 000.00

七、生产成本——基本生产成本明细账

2023 年 11 月生产成本——基本生产成本明细账见表 4-7。

表 4-7 **生产成本——基本生产成本明细账** 金额单位：元

产品名称	数量（件）	直接材料	直接人工	制造费用	其他	合计
A	60.00	7 408.00	7 010.00	4 000.00	3 000.00	21 418.00
B	200.00	7 936.00	8 215.00	5 000.00	2 500.00	23 651.00
合计		15 344.00	15 225.00	9 000.00	5 500.00	45 069.00

八、财务报表

2023 年 11 月 30 日的资产负债表见表 4-8。

表 4-8 **资产负债表** 会企 01 表

编制单位：吉星股份有限公司 2023 年 11 月 30 日 单位：元

资产	期末余额	上年年末余额	负债和所有者权益（或股东权益）	期末余额	上年年末余额
流动资产：		（略）	流动负债：		（略）
货币资金	1 867 731.00		短期借款	160 000.00	
交易性金融资产	133 000.00		交易性金融负债		
衍生金融资产			衍生金融负债		
应收票据	83 400.00		应付票据	117 000.00	
应收款项融资			应付账款	81 600.00	
应收账款	635 805.00		预收账款		
预付款项			合同负债		
其他应收款	3 460.00		应付职工薪酬	367 820.00	
存货	954 389.00		应交税费	68 726.00	
合同资产			其他应付款	20 300.00	
持有待售资产			持有待售负债		
一年内到期的非流动资产			一年内到期的非流动负债		
其他流动资产			其他流动负债		
流动资产合计	3 677 785.00		流动负债合计	815 446.00	
非流动资产：			非流动负债：		
债权投资	528 000.00		长期借款	250 000.00	
其他债权投资			应付债券		
长期应收款			其中：优先股		

续表

资产	期末余额	上年年末余额	负债和所有者权益（或股东权益）	期末余额	上年年末余额
长期股权投资	158 000.00		永续股		
其他权益工具投资			租赁负债		
其他非流动金融资产			长期应付款	1 260 000.00	
投资性房地产			预计负债		
固定资产	5 419 000.00		递延收益		
在建工程	126 800.00		递延所得税负债		
生产性生物资产			其他非流动负债		
油气资产			非流动负债合计	1 510 000.00	
使用权资产			负债合计	2 325 446.00	
无形资产	78 700.00		所有者权益（或股东权益）：		
开发支出			实收资本（或股本）	5 000 000.00	
商誉			其他权益工具		
长期待摊费用	18 400.00		其中：优先股		
递延所得税资产			永续股		
其他非流动资产			资本公积	482 834.00	
非流动资产合计	6 328 900.00		减：库存股		
			其他综合收益		
			专项储备		
			盈余公积	673 546.00	
			未分配利润	1 524 859.00	
			所有者权益（或股东权益）合计	7 681 239.00	
资产总计	10 006 685.00		负债和所有者权益（或股东权益）总计	10 006 685.00	

2023 年 11 月的利润表见表 4-9。

表 4-9　　**利润表**　　会企 02 表

编制单位：吉星股份有限公司　　2023 年 11 月　　单位：元

项 目	本期金额	1—11 月累计金额	上期金额
一、营业收入		15 797 500.00	
减：营业成本		11 788 919.00	
税金及附加		1 567 800.00	
销售费用		234 068.00	
管理费用		660 403.00	
研发费用		200 000.00	
财务费用		165 800.00	
其中：利息费用			
利息收入			

续表

项 目	本期金额	1—11 月累计金额	上期金额
加：其他收益			
投资收益（损失以“-”号填列）		157 000.00	
其中：对联营企业和合营企业的投资收益			
以摊余成本计量的金融资产终止确认收益（损失以“-”号填列）			
净敞口套期收益（损失以“-”号填列）			
公允价值变动收益（损失以“-”号填列）		36 070.00	
信用减值损失（损失以“-”号填列）			
资产减值损失（损失以“-”号填列）		-23 800.00	
资产处置收益（损失以“-”号填列）			
二、营业利润（亏损以“-”号填列）		1 349 780.00	
加：营业外收入		25 600.00	
减：营业外支出		57 800.00	
三、利润总额（亏损总额以“-”号填列）		1 317 580.00	
减：所得税费用		330 000.00	
四、净利润（净亏损以“-”号填列）		987 580.00	
（一）持续经营净利润			
（二）终止经营净利润			
五、其他综合收益的税后净额			
（一）不能重分类进损益的其他综合收益			
1. 重新计量设定受益计划变动额			
2. 权益法下不能转损益的其他综合收益			
3. 其他权益工具投资公允价值变动			
4. 企业自身信用风险公允价值变动			
……			
（二）将重分类进损益的其他综合收益			
1. 权益法下可转损益的其他综合收益			
2. 其他债权投资公允价值变动			
3. 金融资产重分类计入其他综合收益的金额			
4. 其他债权投资信用减值准备			
5. 现金流量套期储备			
6. 外币财务报表折算差额			
……			
六、综合收益总额			
七、每股收益			
（一）基本每股收益			
（二）稀释每股收益			

第五部分

实验资料——经济事项

2023 年 12 月，实验企业发生以下经济业务：

1. 1 日，从科文公司购入办公用品。行政管理部人员持经部门经理、财务主管审批的发票等报销办公用品费共 1 480.00 元，以银行存款转账支付（原始凭证见 1-1 号、1-2 号，练习空白支票的填写）。

2. 1 日，出纳员从银行提取现金 1 200 元以备用（原始凭证见 2 号）。

3. 1 日，从天升公司购入 X 材料 600 千克和 Y 材料 300 千克，增值税专用发票注明单价分别为 180 元/千克和 330 元/千克，款项尚未支付。另用银行存款支付运费 3 270.00 元（含增值税），并取得增值税专用发票；运输费用按购买材料的重量分摊（原始凭证见 3-1 号、3-2 号、3-3 号）。

4. 2 日，上述材料运达企业，验收入库并结转成本差异（原始凭证见 4-1 号、4-2 号）。

5. 2 日，发出各种材料，见各领料单（原始凭证见 5-1 号、5-2 号、5-3 号、5-4 号）。

说明：发出材料平时只填领料单，登记材料明细账，不进行账务处理；月末一次汇总发出材料成本，结转成本差异。

6. 2 日，购入计算机 10 台，增值税专用发票注明每台售价 7 000 元、增值税税额共计 9 100 元，以银行存款转账支付（原始凭证见 6-1 号、6-2 号）。

7. 2 日，以银行存款支付下年度全年报刊费 2 644 元（原始凭证见 7-1 号、7-2 号）。

8. 3 日，向在证券公司开户的股票资金账户存入一笔 120 000 元的款项，准备委托证券公司购买股票，进行短期投资（原始凭证见 8 号）。

9. 3 日，以银行存款向开运公司购入 X 材料 400 千克，增值税专用发票注明售价 84 000 元，材料已验收入库并结转成本差异（原始凭证见 9-1 号、9-2 号、9-3 号）。

10. 4 日，企业外购一项专利技术，法律规定有效期为 10 年，用转账支票支付价款和相关费用等共 63 600 元（原始凭证见 10-1 号、10-2 号）。

11. 4 日，收到华联公司转账支票存入银行，结清前期欠款 56 000 元（原始凭证见 11 号）。

12. 4 日，以银行存款支付参加展销会的展位费 2 000 元（原始凭证见 12-1 号、12-2 号）。

13. 5 日，用现金支付聘请中介机构的咨询费 650 元（原始凭证见 13 号）。

14. 5 日，由于债权人吉顺运输公司已解体，无法偿还前欠的款项 22 000 元，经批准予以转销（原始凭证见 14 号）。

15. 5 日，出借给远方公司新的包装物 20 件，期限为半个月，收取押金 2 000 元（原始凭证见 15-1 号、15-2 号）。

16. 5 日，完工 A 产品 900 件、B 产品 800 件分别验收入库（原始凭证见 16 号）。

17. 6 日，以每件 700 元的价格销售 800 件 B 产品给华联公司，货已发出并开具增值税专用发票，货款尚未收到，以现金 800 元垫付运杂费（原始凭证见 17-1 号、17-2 号）。

18. 6 日，供应部李红去沈阳出差，持经审批后的借款单预支差旅费 1 500 元。出纳员付给现金并在借款单上加盖“现金付讫”章（原始凭证见 18 号）。

19. 6 日，将到期的本年度 9 月 6 日收到的大宇公司不带息的商业承兑汇票进行承兑，票据面值 23 400 元，款项存入银行（原始凭证见 19 号）。

20. 7 日，将 11 月 7 日收到的沈阳红宇股份有限公司签发的面值为 60 000 元、票面利率为 8%、期限为 90 天的商业承兑汇票向银行贴现，贴现率为 10%，将贴现款项存入银行（若该票据到期不能承兑，银行具有追索权，原始凭证见 20-1 号、20-2 号）。

21. 7 日，经领导批准，给予困难职工李玉生活补助 2 000 元，以现金支付（原始凭证见 21 号）。

22. 7 日，向德利股份有限公司销售 A 产品 500 件，每件售价 850 元，随同产品出售不单独计价的包装物 130 件。货已发出并开具增值税专用发票，款项尚未收到（原始凭证见 22-1 号、22-2 号、22-3 号）。

23. 8 日，收到丰华公司购买 450 件 A 产品的预付货款 200 000 元，转入银行（原始凭证见 23 号）。

24. 8 日，以存入证券公司股票账户的资金购买了华软股份公司普通股 5 000 股，每股价格 14.50

元，并支付相关税费 217.50 元，将其划分为以公允价值计量且其变动计入当期损益的金融资产（原始凭证见 24-1 号、24-2 号）。

25.8 日，以银行存款缴纳上月未交的增值税、消费税，预缴本月的企业所得税（原始凭证见 25-1 号、25-2 号）。

26.9 日，供应部李红从沈阳出差回来，报销差旅费，以现金补付差额款 128 元（原始凭证见 26 号）。

27.9 日，从天升公司购入 Y 材料 500 千克，增值税专用发票注明单价为 260 元/千克，结算单据已到，货款未支付，材料尚未到达（原始凭证见 27 号）。

28.10 日，上述从天升公司购入的 Y 材料到货。验收时发现短缺 60 千克，经调查，其中 50 千克确认为运输公司造成的，运输公司已同意赔偿损失，另外 10 千克是运输过程中的合理损耗；其余部分验收入库并结转成本差异（原始凭证见 28 号）。

29.10 日，公司开出支票委托开户行将 11 月份实发工资转入职工工资卡中，并从工资中代扣代缴有关款项（原始凭证见 29-1 号、29-2 号）。

30.10 日，签发转账支票支付办公用房屋的修理费用 3 600 元（原始凭证见 30-1 号、30-2 号）。

31.10 日，公司将上月计提的社会保险和住房公积金（包括个人负担和企业负担）按实际金额缴纳给当地社会保险机构和住房公积金管理中心（原始凭证见 31-1 号、31-2 号、31-3 号）。

32.10 日，按照规定，向工会拨付已计提的工会经费 3 480 元（原始凭证见 32 号）。

33.11 日，以转账方式支付生产车间和辅助车间的机物料消耗费用 10 800 元，其中生产车间 5 600 元、机修车间 2 800 元、热力车间 2 400 元（原始凭证见 33-1 号、33-2 号）。

34.11 日，长泰公司宣告发放上年度的现金股利，确认应收股利 25 000 元（原始凭证略）。

35.11 日，销售给丰华公司 450 件 A 产品，不含税单价为 860 元/件，货已发出并开具增值税专用发票，余款已转入银行账户（原始凭证见 35-1 号、35-2 号、35-3 号）。

36.11 日，接到银行通知，银行存款利息收入 1 200 元已转入存款账户（原始凭证见 36 号）。

37.11 日，向税务机关缴纳代扣代缴的个人所得税 3 406 元（原始凭证见 37 号）。

38.12 日，生产车间的 X562 型生产线经批准报废。该生产线原值为 96 000 元，已计提累计折旧 80 000 元，计提减值准备 5 000 元；清理过程中取得变价收入 5 700 元，收到转账支票一张并存入银行；用现金支付清理费用 540 元（原始凭证见 38-1 号、38-2 号、38-3 号）。

39.12 日，企业通过非公益性组织向地震灾区捐款 50 000 元（原始凭证见 39 号）。

40.12 日，收到长泰公司发放的上年度现金股利 25 000 元，已存入银行（原始凭证见 40 号）。

41.13 日，车间盘盈 A 型设备一台，同类资产市场价格为 75 000 元，估计八成新（原始凭证见 41 号）。

42.13 日，收到德利公司开具的 497 250 元的转账支票一张，用以偿还前欠货款（原始凭证见 42 号）。

43.13 日，支付公司职工培训费 5 600 元，已开出转账支票（原始凭证见 43-1 号、43-2 号）。

44.14 日，接受宏伟加工厂捐赠的新运输卡车一台，同类卡车的市场价格单价为 90 000 元，未取得增值税专用发票（原始凭证见 44 号）。

45.14 日，采用委托收款方式销售给科电公司 B 产品 300 件，增值税专用发票注明价款 720 元/件，货已发出，已办理委托收款手续（原始凭证见 45-1 号、45-2 号、45-3 号）。

46.14 日，经批准，将车间盘盈的 A 型设备作为以前年度的差错处理（原始凭证略）。

47.15 日，公司因为违反环境保护相关规定，被环保部门罚款 20 000 元，以银行存款支付（原始凭证见 47 号）。

48.15 日，向银行归还短期借款 100 000 元及利息 5 750 元（已计提利息 4 500 元，原始凭证见 48 号）。

49.15 日，发出各种材料，见各领料单（原始凭证见 49-1 号、49-2 号、49-3 号）。

说明：发出材料平时只填领料单，登记材料明细账，不进行账务处理，月末一次汇总发出材料成本，并结转成本差异。

50.15 日，收到银行收款通知，科电公司汇来前欠货款 244 080 元（原始凭证见 50 号）。

51.16 日，收到国家拨入的用于技术改造的专项资金补助 100 000 元，存入银行（原始凭证见 51 号）。

52.17 日，用闲置的机床 B245 一台置换百大公司的 10 000 股普通股。换出机床的账面原值为 180 000 元,已提折旧 45 000 元，未计提减值准备，公允价值为 120 000 元。换入股票的公允价值为 11 元/股，收到补价 10 000 元，存入银行。公司将该股权投资划分为以公允价值计量且其变动计入其他综合收益的金融资产。该交易具有商业实质，不考虑相关税费（原始凭证见 52-1 号、52-2 号）。

53.18 日，在建工程（生产用的机器设备）领用 X 材料 100 千克，另以现金支付 600 元人工费（原始凭证见 53 号）。

54.19 日，向科电公司销售 110 件 B 产品，增值税专用发票注明价款 700 元/件，货已发出，但货款尚未收到（原始凭证见 54-1 号、54-2 号、54-3 号）。

55.20 日，收到翼景公司前欠货款 11 700 元。本公司已于 3 个月前将该笔款项确认为坏账（原始凭证见 55 号）。

56.20 日，从利华公司购入包装物 100 件，增值税专用发票注明单价为 90 元/件，货款以银行存款支付，包装物已验收入库并结转成本差异（原始凭证见 56-1 号、56-2 号、56-3 号）。

57.21 日，支付仓库租金 9 600 元，摊销期为 1 年，自本月起摊销（原始凭证见 57-1 号、57-2 号）。

58.22 日，以银行存款支付企业广告费 8 600 元（原始凭证见 58-1 号、58-2 号）。

59.22 日，以银行存款支付给亚太公司 10 000 元预付款，用于购买 X 材料（原始凭证见 59 号）。

60.23 日，从银行提取现金 3 800 元（原始凭证见 60 号）。

61.23 日，以银行存款 2 000 元购买印花税票（原始凭证见 61-1 号、61-2 号）。

62.23 日，完工 A 产品 40 件、B 产品 400 件，并已分别验收入库（原始凭证见 62 号）。

63.24 日，收到银行收款通知，科电公司汇来前欠货款 87 010 元（原始凭证 63 号）。

64.24 日，将一项特许经营权转让给福明公司，出售价格为 100 000 元，款项已存入银行。该项无形资产的摊余价值为 80 000 元（已计提累计摊销 30 000 元），缴纳增值税 6 000 元（原始凭证见 64-1 号、64-2 号、64-3 号）。

65.25 日，银行转来自来水公司水费的托收凭证（原始凭证见 65-1 号、65-2 号）。

66.25 日，收到银行的付款通知，结算长期借款本季度利息 13 500 元（前两个月已计提 9 000 元），该长期借款于 2023 年 1 月 1 日借入，期限为三年，每季度付息一次（原始凭证见 66 号）。

67.25 日，出借给远方公司的包装物逾期没有收回，没收其押金（原始凭证略）。

68.26 日，签发给金豆公司的商业汇票到期，收到银行付款通知并付款（原始凭证见 68 号）。

69.26 日，计提公司管理用车辆的车船税 3 400 元，并签发转账支票（原始凭证见 69 号）。

70.27 日，与德利公司达成债务重组协议。根据协议规定，德利公司前欠的货款 560 000 元，同意减免其债务 160 000 元，剩余的以银行存款支付。德利公司当日通过银行转账支付剩余款项。该应收账款已计提坏账准备 2 800 元（原始凭证见 70-1 号、70-2 号）。

71.28 日，行政管理部门报销业务招待费（餐费）8 549 元（原始凭证见 71-1 号、71-2 号）。

72.28 日，在对现金进行清查盘点时，发现短缺 60 元（原始凭证略）。

73.29 日，上述现金短缺无法查明原因，经批准转入当期损益（原始凭证略）。

74.30 日，银行转来电力部门电费的托收凭证（原始凭证见 74-1 号、74-2 号）。

75.31 日，收到开户行寄来的银行对账单，发现银行对账单与银行存款日记账的余额不一致，经查是一笔公司已经开出转账支票而持票人尚未到银行办理转账手续、金额为 6 800 元的未达账项造成的。除此之外双方不存在记账错误（原始凭证略）。

76. 31 日，计提本月固定资产折旧（原始凭证见 76 号）。

77. 31 日，根据本月各领料单汇总 12 月份各车间、部门领用的原材料、包装物及低值易耗品，结转发出各材料的计划成本（本月领料单及汇总表见原始凭证 77-1 号、77-2 号）。

78. 31 日，计算并结转本月发出原材料、包装物及低值易耗品的成本差异（填写各材料成本差异计算表，原始凭证见 78 号）。

79. 31 日，经批准，企业为筹建新厂房和生产线向社会发行面值为 600 000 元、期限为 4 年、票面利率为 6% 的公司债券。发行时的市场利率为 8%，于每年的 6 月 30 日和 12 月 31 日支付利息。实际所得款项已存入银行（(P/F，4%，8) = 0.7307，(P/A，4%，8) = 6.7327；原始凭证见 79 号）。

80. 31 日，根据本月工资费用分配表进行工资分配（原始凭证见 80 号）。

81. 31 日，按本月工资总额的 14%、2%、1.5% 分别计提职工福利费、工会经费和职工教育经费（填写“三项”经费计算表见原始凭证 81 号）。

82. 31 日，分配辅助生产费用（本月各辅助生产车间提供劳务的数量及各车间、部门的受益情况见表 5-1，填写辅助生产费用分配表，原始凭证见 82 号）。

表 5-1 **辅助生产车间提供劳务的数量及受益情况**

受益单位		机修（工时）	热力（度）
辅助生产车间	机修		6 560
	热力	820	
基本生产车间	A 产品	1 500	30 000
	B 产品	2 500	20 000
基本生产车间		1 500	20 000
行政管理部门		500	5 000
销售部门			5 000
合　计		6 820	86 560

83. 31 日，分配各车间的制造费用（生产工时分配表见表 5-2，填写制造费用分配表，原始凭证见 83 号）。

表 5-2 **生产工时分配表**

产品	A 产品	B 产品
生产工时	3 200	1 720

84. 31 日，计算并结转完工产品成本（本月生产车间有关产量资料见表 5-3，填写 A、B 产品成本计算表，原始凭证见 84-1 号、84-2 号）。

表 5-3 **12 月份产品产量分布表** 单位：件

	A 产品	B 产品
月初在产品	60	200
本月投产	1 000	1 300
本月完工	940	1 200
月末在产品	120	300

85. 31 日，根据期末应收账款余额计提坏账准备（填写坏账准备计提表，原始凭证见 85 号）。

86. 31 日，期末在建工程全部完工，交付基本生产车间投入使用（原始凭证略）。

87. 31 日，期末以公允价值计量且其变动计入当期损益的金融资产的公允价值为 242 500 元、以公允价值计量且其变动计入其他综合收益的金融资产的公允价值为 120 000 元（填写金融资产公允价值变动表，原始凭证见 87-1 号、87-2 号）。

88. 31 日，计提以摊余成本计量的金融资产（国债投资）应收利息 30 000 元，同时利息调整摊销 5 100 元（原始凭证略）。

89. 31 日，根据年末清查有关资料，分别计提存货跌价准备 5 460 元、固定资产减值准备 22 680 元（原始凭证见 89-1 号、89-2 号）。

90. 31 日，本月分别摊销无形资产、长期待摊费用 8 700 元和 2 300 元，并计入管理费用（原始凭证略）。

91. 31 日，根据本月产品出库单汇总本月已售产品数量，并根据月初库存商品和本月入库产品的数量和成本资料，计算本月库存商品的加权平均单位成本，计算并结转本月已售产品的成本（填写本月主营业务成本计算表，原始凭证见 91 号）。

92. 31 日，计算本月应交的增值税、城市维护建设税和教育费附加（填写本月各种税金计算表，原始凭证见 92 号）。

93. 31 日，将本月未交增值税转出（原始凭证略）。

94. 31 日，结转本年损益。

95. 31 日，汇算全年应交所得税，编制企业所得税纳税调整项目表（固定资产折旧和无形资产摊销均符合税法规定，假设 1-11 月份无其他纳税调整事项；原始凭证见 95 号）。

96. 确定递延所得税资产和递延所得税负债的年末余额，并计算递延所得税费用。假设递延所得税资产和递延所得税负债的年初余额均为零，不考虑其他相关事项。

97. 31 日，结转所得税费用。

98. 31 日，结转本年利润，计算本年实现的净利润。

99. 31 日，分别按全年净利润的 10% 和 5% 提取法定盈余公积和任意盈余公积。

100. 31 日，计算当期可供分配的利润。经董事会决议，按当期可供分配利润的 30% 向股东分配利润。

101. 31 日，结转利润分配各明细账户。

第六部分

实验凭证

1-1 号

电子发票（普通发票）

发票号码：23222000000016681111

开票日期：2023 年 12 月 1 日

购买方信息	名称：吉星股份有限公司 统一社会信用代码/纳税人识别号：00236225574l589786	销售方信息	名称：兆凡市科文公司 统一社会信用代码/纳税人识别号：44081101277777088H

货物或应税劳务、服务名称	规格型号	单位	数量	单价	金额	税率	税额
办公用品		件	4		1 436.89	3%	43.11
合计					¥1 436.89		¥43.11
价税合计（大写）	⊗壹仟肆佰捌拾元整（小写）¥1 480.00						

备注	
购方开户银行：中国工商银行兆凡市经开支行	银行账号：46203588325484
销方开户银行：中国银行兆凡市自由大路支行	银行账号：1677180990861716

开票人：王　彬

1-2 号

中国工商银行
转账支票存根
NO. 202312001

附加信息

出票日期　年　月　日

收款人：	
金　额：	
用　途：	

单位主管　会计

中国工商银行　转账支票

C VI 202332678889

出票日期（大写）　年　月　日　付款行名称：

收款人：　出票人账号：

人民币（大写）	千	百	十	万	千	百	十	元	角	分

用途

上列款项请从

我账户内支付

出票人签章

科目（借）

对方科目（贷）

转账日期　年　月　日

复核　记账

2 号

中国工商银行（吉）
现金支票存根
NO. 202312001

附加信息

出票日期 2023 年 12 月 1 日

收款人：	吉星股份有限公司
金　额：	¥1 200.00
用　途：	提取备用金

单位主管　王其刚　会计　李铭丰

3-1 号

电子发票（增值税专用发票）

发票号码：23222000000016681112

开票日期：2023 年 12 月 1 日

购买方信息　名称：吉星股份有限公司 统一社会信用代码/纳税人识别号：002362255741589786	销售方信息　名称：通达市天升公司 统一社会信用代码/纳税人识别号：326598223823268433

货物或应税劳务、服务名称	规格型号	单位	数量	单价	金额	税率	税额
X 材料		千克	600	180.00	108 000.00	13%	14 040.00
Y 材料		千克	300	330.00	99 000.00	13%	12 870.00
合计					¥207 000.00		¥26 910.00
价税合计（大写）	⊗贰拾叁万叁仟玖佰壹拾元整（小写）¥233 910.00						

备注：
购方开户银行：中国工商银行非凡市经开支行　银行账号：46203588325484
销方开户银行：中国工商银行通达市卓越支行　银行账号：855123363233

开票人：董　薄

3-2 号

电子发票（增值税专用发票）

发票号码：23222000000016681113

开票日期：2023 年 12 月 1 日

购买方信息　名称：吉星股份有限公司 统一社会信用代码/纳税人识别号：002362255741589786	销售方信息　名称：非凡市恒运运输集团 统一社会信用代码/纳税人识别号：440811012777781178

货物或应税劳务、服务名称	规格型号	单位	数量	单价	金额	税率	税额
运费					3 000.00	9%	270.00
合计					¥3 000.00		¥270.00
价税合计（大写）	⊗叁仟贰佰柒拾元整（小写）¥3 270.00						

备注：
起运地：通达市　到达地：非凡市
货物：X 材料和 Y 材料
车种：厢式货车
车号：×××××

开票人：宋　毅

3-3 号

中国工商银行（吉）
转账支票存根

NO. 202312002

附加信息

出票日期 2023 年 12 月 1 日

收款人：	恒运运输集团
金　额：	¥3 270.00
用　途：	支付运费

单位主管 王其刚　　会计 李铭丰

4-1 号

吉星股份有限公司收料单

供应单位：天升公司　　2023 年 12 月 2 日　　材料类别：原材料
发 票 号：8425239　　计划成本：X 材料 200 元 /千克

材料名称	计量单位	数量		实际成本											成本差异								
		应收	实收	单价	运费	百	十	万	千	百	十	元	角	分	+/−	十	万	千	百	十	元	角	分
X 材料	千克	600	600	180.00	2 000.00		1	1	0	0	0	0	0	0	−		1	0	0	0	0	0	0
合　计						¥	1	1	0	0	0	0	0	0	−	¥	1	0	0	0	0	0	0
备　注：																							

主管：李　海　　记账：袁　枚　　收料员：郭艳义

4-2 号

吉星股份有限公司收料单

供应单位：天升公司　　2023 年 12 月 2 日　　材料类别：原材料
发 票 号：8425239　　计划成本：Y 材料 300 元 /千克

材料名称	计量单位	数量		实际成本											成本差异								
		应收	实收	单价	运费	百	十	万	千	百	十	元	角	分	+/−	十	万	千	百	十	元	角	分
Y 材料	千克	300	300	330.00	1 000.00		1	0	0	0	0	0	0	0	+		1	0	0	0	0	0	0
合　计						¥	1	0	0	0	0	0	0	0	+	¥	1	0	0	0	0	0	0
备　注：																							

主管：李　海　　记账：袁　枚　　收料员：郭艳义

5-1 号

吉星股份有限公司领料单

领用单位：基本生产车间　　2023 年 12 月 2 日　　编号：231201

类别	名称	用途	计量单位	数量		金额	
				请领	实发	单价	金额
原材料	X 材料	生产 A 产品	千克	500	500	200.00	100 000.00
原材料	X 材料	生产 B 产品	千克	300	300	200.00	60 000.00
原材料	X 材料	车间一般耗用	千克	100	100	200.00	20 000.00
原材料	Y 材料	生产 A 产品	千克	200	200	300.00	60 000.00
原材料	Y 材料	生产 B 产品	千克	200	200	300.00	60 000.00
原材料	Y 材料	车间一般耗用	千克	100	100	300.00	30 000.00
包装物		车间一般耗用	件	50	50	80.00	4 000.00
合　计							334 000.00
备　注							

发料人：郭艳义　　记账：袁　枚　　领料部门负责人：戴振民　　领料人：王金波

5-2 号

吉星股份有限公司领料单

领用单位：机修车间　　2023 年 12 月 2 日　　编号：231202

类别	名称	用途	计量单位	数量		金额	
				请领	实发	单价	金额
原材料	X 材料	一般耗用	千克	100	100	200.00	20 000.00
原材料	Y 材料	一般耗用	千克	80	80	300.00	24 000.00
低值易耗品		一般耗用	件	50	50	160.00	8 000.00
合　计							52 000.00
备　注							

发料人：郭艳义　　记账：袁　枚　　领料部门负责人：戴振民　　领料人：王金波

5-3 号

吉星股份有限公司领料单

领用单位：热力车间　　2023 年 12 月 2 日　　编号：231203

类别	名称	用途	计量单位	数量		金额	
				请领	实发	单价	金额
原材料	X 材料	一般耗用	千克	50	50	200.00	10 000.00
原材料	Y 材料	一般耗用	千克	50	50	300.00	15 000.00
低值易耗品		一般耗用	件	40	40	160.00	6 400.00
合　计							31 400.00
备　注							

发料人：郭艳义　　记账：袁　枚　　领料部门负责人：戴振民　　领料人：王金波

5-4 号

吉星股份有限公司领料单

领用单位：基本生产车间　　2023 年 12 月 2 日　　编号：231204

类别	名称	用途	计量单位	数量		金额	
				请领	实发	单价	金额
低值易耗品		生产 A 产品	千克	30	30	160.00	4 800.00
低值易耗品		生产 B 产品	千克	40	40	160.00	6 400.00
低值易耗品		车间一般耗用	千克	30	30	160.00	4 800.00
合　计							16 000.00
备　注							

发料人：郭艳义　　记账：袁　枚　　领料部门负责人：戴振民　　领料人：王金波

6-1 号

电子发票（增值税专用发票）

全国统一发票监制章 国家税务总局 吉林省税务局

发票号码：23222000000016681114

开票日期：2023 年 12 月 2 日

购买方信息	名称：吉星股份有限公司 统一社会信用代码/纳税人识别号：002362255741589786	销售方信息	名称：联想集团兆凡市专卖店 统一社会信用代码/纳税人识别号：482239198562368443

货物或应税劳务、服务名称	规格型号	单位	数量	单价	金额	税率	税额
计算机		台	10	7 000.00	70 000.00	13%	9 100.00
合计					¥70 000.00		¥9 100.00
价税合计（大写）	⊗柒万玖仟壹佰元整		（小写）	¥79 100.00			

备注	
	购方开户银行：中国工商银行兆凡市经开支行　　银行账号：46203588325484
	销方开户银行：中国工商银行兆凡市明德路支行　　银行账号：512336323333

开票人：徐　影

6-2 号

中国工商银行（吉）
转账支票存根
NO. 202312003

附加信息

出票日期 2023 年 12 月 2 日

收款人：	联想集团非凡市专卖店
金　额：	¥79 100.00
用　途：	付计算机款

单位主管 王其刚　会计 李铭丰

7-1 号

电子发票（普通发票）

全国统一发票监制 国家税务总局 吉林省税务局

发票号码：23222000000016681115

开票日期：2023 年 12 月 2 日

购买方信息	名称：吉星股份有限公司 统一社会信用代码/纳税人识别号：002362255741589786			销售方信息	名称：非凡市四分局邮政局 统一社会信用代码/纳税人识别号：569001223567766143			
货物或应税劳务、服务名称	规格型号	单位	数量	单价	金额	税率	税额	
报刊					2 425.69	9%	218.31	
合计					¥2 425.69		¥218.31	
价税合计（大写）	⊗贰仟陆佰肆拾肆元整（小写）¥2 644.00							
备注	购方开户银行：中国工商银行非凡市经开支行　银行账号：46203588325484 销方开户银行：中国银行非凡市四分局支行　银行账号：18111617180842							

开票人：李凯付

7-2 号

中国工商银行（吉）
转账支票存根
NO. 202312004

附加信息

出票日期 2023 年 12 月 2 日

收款人：	非凡市四分局邮政局
金　额：	¥2 644.00
用　途：	报刊订阅费

单位主管 王其刚　会计 李铭丰

8 号

中国工商银行（吉）
转账支票存根
NO. 202312005

附加信息

出票日期 2023 年 12 月 3 日

收款人：	文专证券公司
金　额：	￥120 000. 00
用　途：	存出投资款

单位主管　王其刚　　会计　李铭丰

9-1 号

电子发票（增值税专用发票）

全国统一发票监制章 国家税务总局 吉林省税务局

发票号码：23222000000016681116
开票日期：2023 年 12 月 3 日

购买方信息	名称：吉星股份有限公司 统一社会信用代码/纳税人识别号：00236225574158 9786	销售方信息	名称：开运公司 统一社会信用代码/纳税人识别号：922398723232677786

货物或应税劳务、服务名称	规格型号	单位	数量	单价	金额	税率	税额
＊X 材料＊		千克	400	210. 00	84 000. 00	13%	10 920. 00
合计					￥84 000. 00		￥10 920. 00
价税合计（大写）	⊗玖万肆仟玖佰贰拾元整　（小写）￥94 920. 00						

备注	
	购方开户银行：中国工商银行非凡市经开支行　　银行账号：46203588325484
	销方开户银行：中国工商银行非凡市明德路支行　　银行账号：145285236992

开票人：语　影

9-2 号

中国工商银行（吉）
转账支票存根
NO. 202312006

附加信息

出票日期 2023 年 12 月 3 日

收款人：	开运公司
金　额：	¥94 920.00
用　途：	购买 X 材料

单位主管 王其刚　会计 李铭丰

9-3 号

吉星股份有限公司收料单

供应单位：开运公司　2023 年 12 月 3 日　材料类别：原材料
发 票 号：6952795　计划成本：X 材料 200 元/千克

材料名称	计量单位	数量		实际成本											成本差异								
		应收	实收	单价	运费	百	十	万	千	百	十	元	角	分	+/-	十	万	千	百	十	元	角	分
X 材料	千克	400	400	210.00				8	4	0	0	0	0	0	+			4	0	0	0	0	0
合　计							¥	8	4	0	0	0	0	0	+		¥	4	0	0	0	0	0
备　注：																							

主管：李　海　记账：袁　枚　收料员：郭艳义

10-1 号

电子发票（增值税专用发票）

全国统一发票监制章 国家税务总局 吉林省税务局

发票号码：23222000000016681117

开票日期：2023 年 12 月 4 日

购买方信息	名称：吉星股份有限公司 统一社会信用代码/纳税人识别号：002362255741589786			销售方信息	名称：非凡市科技公司 统一社会信用代码/纳税人识别号：440811012777779691		
货物或应税劳务、服务名称	规格型号	单位	数量	单价	金额	税率	税额
专利技术			1		60 000.00	6%	3 600.00
合计					¥60 000.00		¥3 600.00
价税合计（大写）	⊗陆万叁仟陆佰元整　（小写）¥63 600.00						
备注	购方开户银行：中国工商银行非凡市经开支行　银行账号：46203588325484 销方开户银行：中国银行非凡市自由大路支行　银行账号：18709018100128						

开票人：李迪尔

10-2 号

中国工商银行（吉）

转账支票存根

NO. 202312007

附加信息

出票日期 2023 年 12 月 4 日

收款人：	非凡市科技公司
金　额：	¥63 600.00
用　途：	购买专利技术

单位主管 王其刚　　会计 李铭丰

11 号

中国工商银行　进账单（回单或收账通知）　1

2023 年 12 月 4 日　　　　第 332654 号

付款人	全　称	华联股份有限公司	收款人	全　称	吉星股份有限公司
	账　号	2381000267812236		账　号	46203588325484
	开户银行	中国建设银行非凡市中兴支行		开户银行	中国工商银行非凡市经开支行

人民币（大写）		百	十	万	千	百	十	元	角	分
	伍万陆仟元整		¥	5	6	0	0	0	0	0

票据种类	转账支票
票据张数	1
票据号码	84551259

复核 李　萍　　记账 郭天翼

中国工商银行非凡市经开支行

收款人开户银行盖章

此联是收款人开户行交给收款人的回单或收账通知

12-1 号

中国工商银行（吉）
转账支票存根

NO. 202312008

附加信息

出票日期 2023 年 12 月 4 日

收款人：	非凡市会展中心
金　额：	¥2 000.00
用　途：	展位费

单位主管 王其刚　　会计 李铭丰

12-2 号

电子发票（普通发票）

发票号码：23222000000016681118

开票日期：2023 年 12 月 4 日

购买方信息	名称：吉星股份有限公司 统一社会信用代码/纳税人识别号：002362255741589786	销售方信息	名称：非凡市会展中心 统一社会信用代码/纳税人识别号：568000185307178312

货物或应税劳务、服务名称	规格型号	单位	数量	单价	金额	税率	税额
展位费					1 886. 79	6%	113. 21
合计					¥1 886. 79		¥113. 21
价税合计（大写）	⊗贰仟元整（小写）¥2 000. 00						
备注	购方开户银行：中国工商银行非凡市经开支行　银行账号：46203588325484 销方开户银行：中国银行非凡市会展大街支行　银行账号：1870260126003121						

开票人：付子天

13 号

行政事业性收费专用收款收据

填发日期：2023 年 12 月 5 日　　（　　）费字第　　号

交款单位	吉星股份有限公司	收费许可证		字第　　号	
收费项目	中介咨询费				
计费标准					
收费金额	人民币（大写）陆佰伍拾元整 ¥650.00				
收款单位	非凡市会计培训中心	收款人	于斌	交款人	孙丽

第二联　收据

14 号

应付款项转销申请书

由于吉顺运输公司已撤销，我单位前欠该公司的款项 22 000 元无法支付，特此申请转入营业外收入处理。

同意转销

吉星股份有限公司（签章）

法人代表（签章）　张福堂

2023 年 12 月 5 日

吉星股份有限公司 财务专用章

15-1 号

吉星股份有限公司领料单

领用单位：销售部门　　2023 年 12 月 5 日　　编号：231205

类别	名称	用途	计量单位	数量		金额	
				请领	实发	单价	金额
包装物			件	20	20	80.00	1 600.00
合　计				20	20	80.00	1 600.00
备　注							

发料人：郭艳义　　记账：袁　枚　　领料部门负责人：戴振民　　领料人：王金波

15-2 号

收　　据

2023 年 12 月 5 日　　№00167

今收到：远方公司					
人民币（大写）：贰仟元整			￥ 2 000.00		
事由：出借包装物押金			现金 2 000.00 元		
			支票第　　　号		
收款单位	吉星股份有限公司	财务主管	王其刚	收款人	李铭丰

第三联　记账联

吉星股份有限公司 财务专用章

16 号

完工产品入库单

2023 年 12 月 5 日

产品名称	计量单位	入库数量	单位成本	总成本
A 产品	件	900		
B 产品	件	800		
合计				

记账：宋晓红　　验收：刘　宇　　仓库保管员：吴庆岳　　交货人：王　强

17-1 号

电子发票（增值税专用发票）

发票号码：23222000000016681119

开票日期：2023 年 12 月 6 日

购买方信息	名称：华联股份有限公司 统一社会信用代码/纳税人识别号：98652298652323HB14	销售方信息	名称：吉星股份有限公司 统一社会信用代码/纳税人识别号：002362255741589786

货物或应税劳务、服务名称	规格型号	单位	数量	单价	金额	税率	税额
B 产品		件	800	700.00	560 000.00	13%	72 800.00
合计					¥560 000.00		¥72 800.00
价税合计（大写）	⊗陆拾叁万贰仟捌佰元整（小写）¥632 800.00						
备注	购方开户银行：中国建设银行非凡市中兴支行　　银行账号：2381000267812236 销方开户银行：中国工商银行非凡市经开支行　　银行账号：46203588325484						

开票人：王　菲

17-2 号

吉星股份有限公司产品出库单

购货单位：华联股份有限公司　　2023 年 12 月 6 日　　编号：20231201

编号	名称及规格	单位	数量	单价	金额	备注
1	B 产品	件	800			
合　计			800		¥	

第二联　交财务

主管：王其刚　　会计：李明峰　　保管员：徐公杰　　经手人：王　猛

18 号

借　款　单

2023 年 12 月 6 日

借款部门：供应部		
借款理由：李红去沈阳出差		
借款数额：人民币（大写）壹仟伍佰元整		¥1 500.00
本部门负责人意见：同意　严松		借款人：（签章）李　红
领导意见 同意借款 2023.12.06 现金付讫	会计主管人员核批： 王其刚	备注：

19 号

中国工商银行　进账单（回单或收账通知）　1

2023 年 12 月 6 日　　第 10002589 号

付款人	全　称	大宇股份有限公司	收款人	全　称	吉星股份有限公司
	账　号	0001222569984		账　号	46203588325484
	开户银行	非凡市商业银行经开支行		开户银行	中国工商银行非凡市经开支行

人民币（大写）	百	十	万	千	百	十	元	角	分
贰万叁仟肆佰元整		¥	2	3	4	0	0	0	0

票据种类	商业汇票
票据张数	1

复核　李　萍　　记账　郭天翼

中国工商银行非凡市经开支行

收款人开户银行盖章

此联是收款人开户行交给收款人的回单或收账通知

20-1 号

贴现凭证（收账通知） ④

填写日期 2023 年 12 月 7 日　　　　第 2023225014 号

<table>
<tr><td rowspan="3">贴现汇票</td><td>种类</td><td>商业承兑汇票</td><td>号码</td><td>00232563</td><td rowspan="3">申请人</td><td>全称</td><td colspan="2">吉星股份有限公司</td></tr>
<tr><td>发票日</td><td colspan="3">2023 年 11 月 7 日</td><td>账号</td><td colspan="2">46203588325484</td></tr>
<tr><td>到期日</td><td colspan="3">2024 年 2 月 5 日</td><td>开户银行</td><td colspan="2">中国工商银行非凡市经开支行</td></tr>
<tr><td colspan="2">汇票承兑人（或银行）名称</td><td colspan="3">沈阳红宇股份有限公司</td><td>账号</td><td>20000189565553</td><td>开户银行</td><td>盛京银行高新支行</td></tr>
</table>

<table>
<tr><td rowspan="2">汇票金额（即贴现金额）</td><td rowspan="2">人民币（大写）陆万壹仟贰佰元整</td><td>千</td><td>百</td><td>十</td><td>万</td><td>千</td><td>百</td><td>十</td><td>元</td><td>角</td><td>分</td></tr>
<tr><td></td><td></td><td>¥</td><td>6</td><td>1</td><td>2</td><td>0</td><td>0</td><td>0</td><td>0</td></tr>
</table>

<table>
<tr><td rowspan="2">贴现率 每 年</td><td rowspan="2">10%</td><td rowspan="2">贴现利息</td><td>十</td><td>万</td><td>千</td><td>百</td><td>十</td><td>元</td><td>角</td><td>分</td><td rowspan="2">实付贴现金额</td><td>千</td><td>百</td><td>十</td><td>万</td><td>千</td><td>百</td><td>十</td><td>元</td><td>角</td><td>分</td></tr>
<tr><td></td><td>¥</td><td>1</td><td>0</td><td>2</td><td>0</td><td>0</td><td>0</td><td></td><td></td><td>¥</td><td>6</td><td>0</td><td>1</td><td>8</td><td>0</td><td>0</td><td>0</td></tr>
<tr><td colspan="11">上述款项已转入你单位账户。
此致
（银行盖章）
年 月 日</td><td colspan="11">备注：</td></tr>
</table>

此联是银行给贴现申请人的收账通知

20-2 号

中国工商银行 进 账 单（回单或收账通知） 1

2023 年 12 月 7 日　　　　第 00258887 号

<table>
<tr><td rowspan="3">付款人</td><td>全　称</td><td>沈阳红宇股份有限公司</td><td rowspan="3">收款人</td><td>全　称</td><td>吉星股份有限公司</td></tr>
<tr><td>账　号</td><td>20000189565553</td><td>账　号</td><td>46203588325484</td></tr>
<tr><td>开户银行</td><td>盛京银行高新支行</td><td>开户银行</td><td>中国工商银行非凡市经开支行</td></tr>
</table>

<table>
<tr><td rowspan="2">人民币（大写）</td><td rowspan="2">陆万零壹佰捌拾元整</td><td>百</td><td>十</td><td>万</td><td>千</td><td>百</td><td>十</td><td>元</td><td>角</td><td>分</td></tr>
<tr><td></td><td>¥</td><td>6</td><td>0</td><td>1</td><td>8</td><td>0</td><td>0</td><td>0</td></tr>
</table>

<table>
<tr><td>票据种类</td><td>商业承兑汇票</td><td rowspan="3">收款人开户银行盖章</td></tr>
<tr><td>票据张数</td><td>1</td></tr>
<tr><td colspan="2">复核 李 萍　　记账 郭天翼</td></tr>
</table>

此联是收款人开户行交给收款人的回单或收账通知

21 号

职工生活困难补助申请单

<table>
<tr><td>部门</td><td>销售部</td><td>姓名</td><td>李玉</td><td>本人工资收入</td><td>1 827.00</td><td>家庭其他人员收入</td><td>2 886.00</td></tr>
<tr><td rowspan="2">补助原因</td><td rowspan="2" colspan="4">本人患病，医药费增加，造成家庭生活一时困难。</td><td>补助性质</td><td colspan="2">定期　√临时补助</td></tr>
<tr><td>申请金额</td><td colspan="2">人民币贰仟元整</td></tr>
<tr><td>部门意见</td><td>建议临时补助贰仟元整。
马景凤
2023 年 12 月 7 日</td><td>厂工会意见</td><td colspan="2">同意。
刘双
2023 年 12 月 7 日</td><td>代收据</td><td colspan="2">今收到困难补助费人民币贰仟元整。
领款人（签字）李玉
2023 年 12 月 7 日</td></tr>
</table>

22-1 号

吉星股份有限公司领料单

领用单位：销售部门　　2023 年 12 月 7 日　　编号：231206

<table>
<tr><td rowspan="2">类别</td><td rowspan="2">名称</td><td rowspan="2">用途</td><td rowspan="2">计量单位</td><td colspan="2">数量</td><td colspan="2">金额</td></tr>
<tr><td>请领</td><td>实发</td><td>单价</td><td>金额</td></tr>
<tr><td>包装物</td><td></td><td></td><td>件</td><td>130</td><td>130</td><td>80.00</td><td>10 400.00</td></tr>
<tr><td></td><td></td><td></td><td></td><td></td><td></td><td></td><td></td></tr>
<tr><td></td><td></td><td></td><td></td><td></td><td></td><td></td><td></td></tr>
<tr><td colspan="2">合　计</td><td></td><td></td><td>130</td><td>130</td><td>80.00</td><td>10 400.00</td></tr>
<tr><td colspan="2">备　注</td><td colspan="6"></td></tr>
</table>

发料人：郭艳义　　记账：袁　枚　　领料部门负责人：戴振民　　领料人：王金波

22-2 号

吉星股份有限公司产品出库单

购货单位：德利股份有限公司　　2023 年 12 月 7 日　　编号：20231202

<table>
<tr><td>编号</td><td>名称及规格</td><td>单位</td><td>数量</td><td>单价</td><td>金额</td><td>备注</td></tr>
<tr><td>1</td><td>A 产品</td><td>件</td><td>500</td><td></td><td></td><td></td></tr>
<tr><td></td><td></td><td></td><td></td><td></td><td></td><td></td></tr>
<tr><td></td><td></td><td></td><td></td><td></td><td></td><td></td></tr>
<tr><td colspan="3">合　　计</td><td>500</td><td></td><td>¥</td><td></td></tr>
</table>

第二联　交财务

主管：王其刚　　会计：李明峰　　保管员：徐公杰　　经手人：王　猛

22-3 号

电子发票（增值税专用发票）

发票号码：23222000000016681120

开票日期：2023 年 12 月 7 日

购买方信息	名称：德利股份有限公司 统一社会信用代码/纳税人识别号：105450021282331417	销售方信息	名称：吉星股份有限公司 统一社会信用代码/纳税人识别号：002362255741589786

货物或应税劳务、服务名称	规格型号	单位	数量	单价	金额	税率	税额
A 产品		件	500	850.00	425 000.00	13%	55 250.00
合计					¥425 000.00		¥55 250.00
价税合计（大写）	⊗肆拾捌万零贰佰伍拾元整（小写）¥480 250.00						

备注	
购方开户银行：中国工商银行非凡市庆利支行	银行账号：786985233522
销方开户银行：中国工商银行非凡市经开支行	银行账号：46203588325484

开票人：张晓影

---

23 号

中国工商银行 进账单（回单或收账通知） 1

2023 年 12 月 8 日　　　第 23332267 号

付款人		收款人	
全称	丰华股份有限公司	全称	吉星股份有限公司
账号	8923325445	账号	46203588325484
开户银行	临海市商业银行长江路支行	开户银行	中国工商银行非凡市经开支行

人民币（大写）	百	十	万	千	百	十	元	角	分
贰拾万元整	¥	2	0	0	0	0	0	0	0

票据种类	转账支票
票据张数	1

复核 李萍　　记账 郭天翼

收款人开户银行盖章（中国工商银行非凡市经开支行）

此联是收款人开户行交给收款人的回单或收账通知

24-1 号

证券公司

12/08/2023　　成交过户交割单　　买

股东编号 电脑编号 公司名称	B9224521216 023659 华软股份公司	成交证券 成交数量 成交价格	股票 5 000 股 14.50 元/股
申报编号 申报时间 成交时间	362 102323 105637	成交金额 佣金 过户费	72 500.00 217.50 0
上次余额 本次成交 本次余额 本次库存	0（手） 50（手） 50（手） 50（手）	印花税 应付金额 附加费用 实收金额	 72 717.50

③通知联

经办单位：[3650]　　客户签章：郭天文

24-2 号　　NO. 258411

证券公司

合同序号：

㊖

委 托 书

资金账号 85558114766

证券账号 66384122288

委托人：吉星股份有限公司　　2023 年 12 月 8 日 10 时 23 分

证券名称	股数与面额	限价	有效期限	附注
华软股份公司	5 000			
场内成交单号码	AV126562356			

委托方式	
电话	
电报	
书面	
当面委托	
划款方式	
自动划账	
当面签收	

第三联 客户委托留存

营业员签章 郭伟　　委托人签章 郭天文

注意：1. 未填明［限价］者视为市价委托。
2. 未填明［有效期限］者视为当日有效。
3. 委托方式应予标明。
4. 书面或电报委托者应粘附函电。
5. 买卖如未成交，委托书应保存。

25-1 号

中华人民共和国
税收完税证明

（056）　NO. 5222153

填发日期：2023 年 12 月 8 日

纳税人识别号	002362255741589786	税收机关	国家税务总局非凡市税务局经开分局
纳税人全称	吉星股份有限公司	收款银行	非凡市商业银行经开支行
税（费）种	税级	税款所属期限	实缴金额
增值税		2023 年 11 月	￥56 700. 00
金额合计	人民币 伍万陆仟柒佰元整		
税务机关（盖章）	收款银行（盖章）	经手人（盖章略）	备注

25-2 号

中华人民共和国
税收完税证明

（056）　NO. 5222154

填发日期：2023 年 12 月 8 日

纳税人识别号	002362255741589786	税收机关	国家税务总局非凡市税务局经开分局
纳税人全称	吉星股份有限公司	收款银行	非凡市商业银行经开支行
税（费）种	税级	税款所属期限	实缴金额
消费税		2023 年 11 月	￥12 026. 00
企业所得税		2023 年 12 月	￥30 000. 00
金额合计	人民币 肆万贰仟零贰拾陆元整		
税务机关（盖章）	收款银行（盖章）	经手人（盖章略）	备注

26 号

出差（调遣）旅费报销单

部、室名称：供应部　　　　2023 年 12 月 9 日　　　　附单据 10 张

<table>
<tr><td colspan="2">姓名</td><td colspan="2">李红</td><td>出差人数</td><td>1</td><td>出差目的地</td><td>沈阳市</td><td>出差事由</td><td>购买材料</td><td>日期</td><td colspan="2">自 12 月 6 日至 12 月 8 日共 3 天</td></tr>
<tr><td colspan="2">起讫</td><td rowspan="2">出发地</td><td rowspan="2">到达地</td><td colspan="4">交通费</td><td>其他</td><td colspan="3">住勤补助</td><td rowspan="2">合计</td></tr>
<tr><td>月/日</td><td>月/日</td><td>火车</td><td>汽车</td><td>飞机</td><td>市内交通费</td><td>宿费</td><td>天数</td><td>标准</td><td>金额</td></tr>
<tr><td>12/6</td><td></td><td>兆凡市</td><td>沈阳市</td><td>344.00</td><td></td><td></td><td>30.00</td><td>700.00</td><td>3</td><td>60.00</td><td>180.00</td><td>1 254.00</td></tr>
<tr><td>12/8</td><td></td><td>沈阳市</td><td>兆凡市</td><td>344.00</td><td></td><td></td><td>30.00</td><td></td><td></td><td></td><td></td><td>374.00</td></tr>
<tr><td></td><td></td><td></td><td></td><td></td><td></td><td></td><td></td><td></td><td></td><td></td><td></td><td></td></tr>
<tr><td colspan="13">合计：¥1 628.00</td></tr>
<tr><td colspan="7">人民币（大写）壹仟陆佰贰拾捌元整</td><td>预借</td><td>1 500.00</td><td>交结余</td><td></td><td>补付款</td><td>128.00</td></tr>
</table>

负责人：严松　　　　出差人：李红

27 号

电子发票（增值税专用发票）

发票号码：23222000000016681101

开票日期：2023 年 12 月 9 日

<table>
<tr><td>购买方信息</td><td colspan="4">名称：吉星股份有限公司
统一社会信用代码/纳税人识别号：002362255741589786</td><td>销售方信息</td><td colspan="3">名称：通达市天升公司
统一社会信用代码/纳税人识别号：326598223823268433</td></tr>
<tr><td colspan="2">货物或应税劳务、服务名称</td><td>规格型号</td><td>单位</td><td>数量</td><td>单价</td><td>金额</td><td>税率</td><td>税额</td></tr>
<tr><td colspan="2">*Y 材料*</td><td></td><td>千克</td><td>500</td><td>260.00</td><td>130 000.00</td><td>13%</td><td>16 900.00</td></tr>
<tr><td colspan="2">合计</td><td></td><td></td><td></td><td></td><td>¥130 000.00</td><td></td><td>¥16 900.00</td></tr>
<tr><td colspan="2">价税合计（大写）</td><td colspan="7">⊗壹拾肆万陆仟玖佰元整（小写）¥146 900.00</td></tr>
<tr><td>备注</td><td colspan="8">购方开户银行：中国工商银行兆凡市经开支行　　银行账号：46203588325484
销方开户银行：中国工商银行通达市卓越支行　　银行账号：855123363233</td></tr>
</table>

开票人：董宇

28 号

吉星股份有限公司收料单

供应单位：天升公司　　　　2023 年 12 月 10 日　　　　材料类别：原材料

发 票 号：9425265　　　　　　　　　　　　　　　　计划成本：Y 材料 300 元 /千克

材料名称	计量单位	数量		实际成本											成本差异								
		应收	实收	单价	运费	百	十	万	千	百	十	元	角	分	+/−	十	万	千	百	十	元	角	分
Y 材料	千克	500	440	265.91			1	1	7	0	0	0	0	0	−		1	5	0	0	0	0	0
合　计						¥	1	1	7	0	0	0	0	0	−	¥	1	5	0	0	0	0	0
备　注：																							

主管：李　海　　　　记账：袁　枚　　　　收料员：郭艳义

29-1 号

工资结算汇总表

2023 年 11 月

部门	类别	工资总额	扣款项目					实发工资
			个人所得税	养老保险	医疗保险	住房公积金	合计	
生产车间	生产工人——A							
	生产工人——B							
	管理人员							
机修车间	生产工人							
热力车间	生产工人							
管理部门	管理人员							
销售部门	销售人员							
合计		174 000.00	3 406.00	11 200.00	3 300.00	12 300.00	30 206.00	143 794.00

略

财务：王其刚　　　　人事：邹　亮　　　　总经理：张福堂　　　　填表日期：2023. 12

29-2 号

中国工商银行（吉）

转账支票存根

NO. 202312009

附加信息

出票日期 2023 年 12 月 10 日

收款人：	吉星股份有限公司
金　额：	¥143 794.00
用　途：	发放工资

单位主管　王其刚　　　　会计　李铭丰

30-1 号

电子发票（普通发票）

全国统一发票监制章 国家税务总局 吉林省税务局

发票号码：23222000000016681102

开票日期：2023 年 12 月 10 日

购买方信息	名称：吉星股份有限公司 统一社会信用代码/纳税人识别号：002362255741589786	销售方信息	名称：祥和维修工程公司 统一社会信用代码/纳税人识别号：568000057702238A11

货物或应税劳务、服务名称	规格型号	单位	数量	单价	金额	税率	税额
维修费					3 396. 23	6%	203. 77
合计					¥3 396. 23		¥203. 77
价税合计（大写）	⊗叁仟陆佰元整（小写）¥3 600. 00						
备注	购方开户银行：中国工商银行兆凡市经开支行　银行账号：46203588325484 销方开户银行：兆凡市商业银行人民大街支行　银行账号：66221181166378						

开票人：李　付

30-2 号

中国工商银行（吉）
转账支票存根

NO. 202312010

附加信息

出票日期 2023 年 12 月 10 日

收款人：	祥和维修工程公司
金　额：	¥3 600. 00
用　途：	房屋修理费

单位主管 王其刚　会计 李铭丰

31-1 号

2023 年 11 月份计提社会保险和住房公积金情况表

项目	养老保险	医疗保险	住房公积金	合计
单位负担	28 600. 00	16 500. 00	30 750. 00	75 850. 00
个人负担	11 200. 00	3 300. 00	12 300. 00	26 800. 00
合计	39 800. 00	19 800. 00	43 050. 00	102 650. 00

财务：王其刚　人事：邹　亮　总经理：张福堂　填表日期：2023. 12

31-2 号

中国工商银行（吉）
转账支票存根

NO. 202312011

附加信息

出票日期 *2023* 年 *12* 月 *10* 日

收款人：	非凡市社会保障局
金 额：	¥*59 600.00*
用 途：	支付职工社保

单位主管 王其刚 会计 李铭丰

31-3 号

中国工商银行（吉）
转账支票存根

NO. 202312012

附加信息

出票日期 *2023* 年 *12* 月 *10* 日

收款人：	非凡市住房公积金管理中心
金 额：	¥*43 050.00*
用 途：	支付住房公积金

单位主管 王其刚 会计 李铭丰

---

32 号

中国工商银行（吉）
转账支票存根

NO. 202312013

附加信息

出票日期 *2023* 年 *12* 月 *10* 日

收款人：	非凡市总工会
金 额：	¥*3 480.00*
用 途：	支付工会经费

单位主管 王其刚 会计 李铭丰

33-1 号

电子发票（普通发票）

发票号码：23222000000016681103

开票日期：2023 年 12 月 11 日

购买方信息	名称：吉星股份有限公司 统一社会信用代码/纳税人识别号：002362255741589786	销售方信息	名称：祥和维修工程公司 统一社会信用代码/纳税人识别号：568000057702238A11

货物或应税劳务、服务名称	规格型号	单位	数量	单价	金额	税率	税额
维修费					10 188.67	6%	611.33
合计					¥10 188.67		¥611.33
价税合计（大写）	⊗壹万零捌佰元整（小写）¥10 800.00						
备注	购方开户银行：中国工商银行非凡市经开支行　银行账号：46203588325484 销方开户银行：非凡市商业银行人民大街支行　银行账号：66221181166378						

开票人：李　凯

33-2 号

中国工商银行（吉） 转账支票存根
NO. 202312015
附加信息
出票日期 2023 年 12 月 11 日
收款人：祥和维修工程公司
金　额：¥10 800.00
用　途：机物料消耗
单位主管 王其刚　会计 李铭丰

35-1 号

吉星股份有限公司产品出库单

购货单位：丰华股份有限公司　　2023 年 12 月 11 日　　编号：20231203

编号	名称及规格	单位	数量	单价	金额	备注
1	A 产品	件	450			
合　计			450		¥	

第二联 交财务

主管：王其刚　会计：李明峰　保管员：徐公杰　经手人：王　猛

35-2 号

电子发票（增值税专用发票）

发票号码：23222000000016681104

开票日期：2023 年 12 月 11 日

购买方信息	名称：丰华股份有限公司 统一社会信用代码/纳税人识别号：022522989841786613	销售方信息	名称：吉星股份有限公司 统一社会信用代码/纳税人识别号：002362255741589786

货物或应税劳务、服务名称	规格型号	单位	数量	单价	金额	税率	税额
A 产品		件	450	860.00	387 000.00	13%	50 310.00
合计					¥387 000.00		¥50 310.00
价税合计（大写）	⊗肆拾叁万柒仟叁佰壹拾元整（小写）¥437 310.00						
备注	购方开户银行：临海市商业银行长江路支行　银行账号：8923325445 销方开户银行：中国工商银行非凡市经开支行　银行账号：46203588325484						

开票人：张晓影

35-3 号

中国工商银行　进 账 单（回单或收账通知）　1

2023 年 12 月 11 日　　第 220025 号

付款人	全　称	丰华股份有限公司	收款人	全　称	吉星股份有限公司
	账　号	8923325445		账　号	46203588325484
	开户银行	临海市商业银行长江路支行		开户银行	中国工商银行非凡市经开支行

人民币（大写）	肆拾叁万柒仟叁佰壹拾元整	百	十	万	千	百	十	元	角	分
		¥	4	3	7	3	1	0	0	0

票据种类	转账支票
票据张数	1

复核 李　萍　　记账 郭天翼

收款人开户银行盖章（中国工商银行非凡市经开支行）

此联是收款人开户行交给收款人的回单或收账通知

36 号

中国工商银行　利息回单

2023 年 12 月 11 日

收款单位	账　　号	46203588325484	付款单位	账　　号	200000132654
	户　　名	吉星股份有限公司		户　　名	中国工商银行非凡市经开支行
	开户银行	中国工商银行非凡市经开支行		开户银行	中国工商银行非凡市经开支行
积数：			利率	3.5%	利息　¥1 200.00
					银行盖章

代收、付款通知书

37 号

中华人民共和国
税收完税证明

（056） NO. 55214855

填发日期：2023 年 12 月 11 日

纳税人识别号	002362255741589786	税收机关	国家税务总局非凡市税务局经开分局	
纳税人全称	吉星股份有限公司	收款银行	非凡市商业银行经开支行	
税（费）种	税级	税款所属期限	实缴金额	
个人所得税		2023 年 11 月	¥3 406.00	
金额合计	人民币叁仟肆佰零陆元整			
税务机关（盖章）	收款银行（盖章）	经手人（盖章略）	备注	

38-1 号

固定资产报废单

2023 年 12 月 12 日

名称编号	型号规格	单位	数量	预计使用年限	已使用年限	原值	已提折旧	已提减值准备
20115		台	1	15	14	96 000.00	80 000	5 000
报废原因			无法继续使用					
使用部门			技术鉴定		管理部门		主管部门	
李　莉			王明强		李　虹		孙亨嗣	

二 财会

38-2 号

中国工商银行 进 账 单（回单或收账通知） 1

2023 年 12 月 12 日　　第 206628 号

付款人	全　称	非凡市再生资源公司	收款人	全　称	吉星股份有限公司
	账　号	452200001136		账　号	46203588325484
	开户银行	非凡市商业银行经开支行		开户银行	中国工商银行非凡市经开支行

人民币（大写）	伍仟柒佰元整	百	十	万	千	百	十	元	角	分
				¥	5	7	0	0	0	0

票据种类	转账支票
票据张数	1

复核 李 萍　　记账 郭天翼

中国工商银行非凡市经开支行

收款人开户银行盖章

此联是收款人开户行交给收款人的回单或收账通知

38-3 号

收款收据（第三联）

收款日期：2023 年 12 月 12 日

交款单位	吉星股份有限公司	支付方式	现金									
人民币（大写）	伍佰肆拾元整		百	十	万	千	百	十	元	角	分	
					¥	5	4	0	0	0		
收款事由	清理费	经办	部门									
			人员									

上记款项照数收讫无误。（收款单位财会专用章）　会计主管人员 罗 旭　稽核员 张 开　出纳员 李 双　交款人 于丽波

非凡市通达运输公司 111108111100011364 财务专用章

第三联 给交款单位

39 号

中国工商银行（吉）

转账支票存根

NO. 202312016

附加信息

出票日期 2023 年 12 月 12 日

收款人：	非公益性组织
金　额：	¥50 000. 00
用　途：	捐款

单位主管 王其刚　　会计 李铭丰

40 号

中国工商银行 进账单（回单或收账通知） 1

2023 年 12 月 12 日 第 5566004 号

付款人	全称	长泰股份有限公司	收款人	全称	吉星股份有限公司
	账号	2111125666212		账号	46203588325484
	开户银行	中国银行高新支行		开户银行	中国工商银行非凡市经开支行

人民币（大写）	百	十	万	千	百	十	元	角	分
贰万伍仟元整		¥	2	5	0	0	0	0	0

票据种类	转账支票
票据张数	1

复核 李萍 记账 郭天翼

收款人开户银行盖章

此联是收款人开户行交给收款人的回单或收账通知

41 号

固定资产盘盈盘亏报告单

2023 年 12 月 13 日 第 20232236 号

编号	名称	盘盈			盘亏				原因
		数量	重置价	估计折旧	数量	原价	已提折旧	已提减值准备	
1	设备	1	75 000	15 000					

处理意见	使用部门	清查小组	审批部门
	李莉	张开	孙亨嗣

三 财 会

42 号

中国工商银行 进账单（回单或收账通知） 1

2023 年 12 月 13 日 第 5520215 号

付款人	全称	德利股份有限公司	收款人	全称	吉星股份有限公司
	账号	786985233522		账号	46203588325484
	开户银行	中国工商银行非凡市庆利支行		开户银行	中国工商银行非凡市经开支行

人民币（大写）	百	十	万	千	百	十	元	角	分
肆拾玖万柒仟贰佰伍拾元整	¥	4	9	7	2	5	0	0	0

票据种类	转账支票
票据张数	1

复核 李萍 记账 郭天翼

收款人开户银行盖章

此联是收款人开户行交给收款人的回单或收账通知

43-1 号

电子发票（普通发票）

发票号码：23222000000016681105

开票日期：2023 年 12 月 13 日

购买方信息 名称：吉星股份有限公司 统一社会信用代码/纳税人识别号：002362255741589786	销售方信息 名称：兆凡市科苑会计培训中心 统一社会信用代码/纳税人识别号：652220004778765113

货物或应税劳务、服务名称	规格型号	单位	数量	单价	金额	税率	税额
培训费					5 283. 02	6%	316. 98
合计					¥5 283. 02		¥316. 98
价税合计（大写）	⊗伍仟陆佰元整（小写）¥5 600. 00						

备注：
购方开户银行：中国工商银行兆凡市经开支行 银行账号：46203588325484
销方开户银行：兆凡市商业银行净月大街支行 银行账号：61181162117338

开票人：李 值

（印章：全国统一发票监制章 国家税务总局 吉林省税务局）

43-2 号

中国工商银行（吉）
转账支票存根

NO. 202312017

附加信息

出票日期 2023 年 12 月 13 日

收款人：	兆凡市科苑会计培训中心
金 额：	¥5 600. 00
用 途：	培训费

单位主管 王其刚 会计 李铭丰

44 号

固定资产捐赠交接单

2023 年 12 月 14 日

捐赠单位：兆凡市宏伟加工厂

接收单位：吉星股份有限公司

捐赠原因		无偿赠送					
名称及型号	数量	预计使用年限	已使用年限	原值	已提折旧	净值	备注
运输卡车	1	10	0	90 000	0	90 000	
捐赠单位签章				接受单位签章			
经办人：李 萍				经办人：李 科			

（印章：兆凡市宏伟加工厂 财务专用章；吉星股份有限公司 财务专用章）

45-1 号

电子发票（增值税专用发票）

全国统一发票监制 国家税务总局 吉林省税务局

发票号码：23222000000016681106

开票日期：2023 年 12 月 14 日

购买方信息	名称：科电股份有限公司 统一社会信用代码/纳税人识别号：468956822457671433	销售方信息	名称：吉星股份有限公司 统一社会信用代码/纳税人识别号：002362255741589786

货物或应税劳务、服务名称	规格型号	单位	数量	单价	金额	税率	税额
＊B 产品＊		件	300	720.00	216 000.00	13%	28 080.00
合计					￥216 000.00		￥28 080.00
价税合计（大写）	⊗贰拾肆万肆仟零捌拾元整（小写）￥244 080.00						

备注	购方开户银行：松江商业银行宁江路支行	银行账号：257414425422
	销方开户银行：中国工商银行兆凡市经开支行	银行账号：46203588325484

开票人：张晓影

45-2 号

吉星股份有限公司产品出库单

购货单位：科电股份有限公司　　2023 年 12 月 14 日　　编号 20231204

编号	名称及规格	单位	数量	单价	金额	备注
1	B 产品	件	300			
合　计			300		￥	

第二联　交财务

主管：王其刚　　会计：李明峰　　保管员：徐公杰　　经手人：王　猛

45-3 号

托收凭证（收账通知）　4

委托日期　2023 年 12 月 14 日　　　　付款期限　年　月　日

业务类型	委托收款（□邮划、□电划）　　托收承付（□邮划、□电划）						
付款人	全　称	科电股份有限公司		收款人	全　称	吉星股份有限公司	
	账　号	257414425422			账　号	46203588325484	
	地　址	吉林省松江市（县）	开户行：松江商业银行宁江路支行		地　址	吉林省非凡市（县）	开户行：中国工商银行非凡市经开支行
金额	人民币（大写）贰拾肆万肆仟零捌拾元整						亿 千 百 十 万 千 百 十 元 角 分 ¥ 2 4 4 0 8 0 0 0
款项内容	销售商品款	托收凭据名称			附寄单证张数	1	
商品发运情况	已发货				合同名称号码	2211556211611	
备注： 复　核　曹　陈 记　账　李　姝	款项收妥日期 2023 年 12 月 14 日				收款人开户银行盖章 （中国工商银行非凡市经开支行） 年　月　日		

此联是收款人开户行交给收款人的回单或收账通知

---

47 号

中国工商银行（吉）
转账支票存根

NO. 202312018

附加信息

出票日期 2023 年 12 月 15 日

收款人：	非凡市环保局
金　额：	¥20 000. 00
用　途：	支付罚款

单位主管　王其刚　　会计　李铭丰

48 号

（流动资金贷款）还款凭证（回单）　④

原借款凭证

单位编号：　　　　日期：2023 年 12 月 15 日　　　　原借款凭证银行编号：20162522001

此联转账后作回单，退借款单位并代往来户支款通知

付款人	名　　称	吉星股份有限公司	借款人	名　　称	吉星股份有限公司
	往来户账号	46203588325484		放款户账号	46203588325484
	开户银行	中国工商银行非凡市经开支行		开户银行	中国工商银行非凡市经开支行
计划还款日期		2023 年 12 月 15 日	还款次序		第 1 次还款
还款金额		人民币（大写）壹拾万零伍仟柒佰伍拾元整	千百十万千百十元角分		￥1 0 5 7 5 0 0 0
还款内容		本金和利息			
备注：			上述借款已从你单位往来账户内转还 此致 借款单位　　（银行盖章） 2023 年 12 月 15 日		

此联是收款人开户行交给收款人的回单或收账通知

（印章：中国工商银行非凡市经开支行）

49-1 号

吉星股份有限公司领料单

领用单位：基本生产车间　　　　2023 年 12 月 15 日　　　　编号：231207

类别	名称	用途	计量单位	数量		金额	
				请领	实发	单价	金额
原材料	X 材料	生产 A 产品	千克	300	300	200. 00	60 000. 00
原材料	X 材料	生产 B 产品	千克	300	300	200. 00	60 000. 00
原材料	X 材料	车间一般耗用	千克	100	100	200. 00	20 000. 00
原材料	Y 材料	生产 A 产品	千克	100	100	300. 00	30 000. 00
原材料	Y 材料	生产 B 产品	千克	60	60	300. 00	18 000. 00
原材料	Y 材料	车间一般耗用	千克	60	60	300. 00	18 000. 00
合　计							206 000. 00
备　注							

发料人：郭艳义　　记账：袁　枚　　领料部门负责人：戴振民　　领料人：王金波

49-2 号

吉星股份有限公司领料单

领用单位：基本生产车间　　2023 年 12 月 15 日　　编号：231208

类别	名称	用途	计量单位	数量		金额	
				请领	实发	单价	金额
低值易耗品		生产 A 产品	千克	30	30	160.00	4 800.00
低值易耗品		生产 B 产品	千克	30	30	160.00	4 800.00
低值易耗品		车间一般耗用	千克	30	30	160.00	4 800.00
合　计							14 400.00
备　注							

发料人：郭艳义　　记账：袁　枚　　领料部门负责人：戴振民　　领料人：王金波

49-3 号

吉星股份有限公司领料单

领用单位：行政管理部门　　2023 年 12 月 15 日　　编号：231209

类别	名称	用途	计量单位	数量		金额	
				请领	实发	单价	金额
原材料	Y 材料	管理使用	千克	50	50	300.00	15 000.00
低值易耗品		管理使用	件	20	20	160.00	3 200.00
合　计							18 200.00
备　注							

发料人：郭艳义　　记账：袁　枚　　领料部门负责人：戴振民　　领料人：王金波

50 号

中国工商银行　进　账　单（回单或收账通知）　1

2023 年 12 月 15 日　　第 230212 号

付款人	全　称	科电股份有限公司	收款人	全　称	吉星股份有限公司
	账　号	257414425422		账　号	46203588325484
	开户银行	松江商业银行宁江路支行		开户银行	中国工商银行非凡市经开支行
人民币（大写）	贰拾肆万肆仟零捌拾元整			百十万千百十元角分	¥ 2 4 4 0 8 0 0 0
票据种类	转账支票				
票据张数	1				
复核 李　萍　　记账 郭天翼			收款人开户银行盖章（中国工商银行非凡市经开支行）		

此联是收款人开户行交给收款人的回单或收账通知

51 号

拨款通知单

2023 年 12 月 16 日

收款单位	全称	吉星股份有限公司	拨款单位	全称	市财政局
	账号	46203588325484		预算级次	
	开户银行	中国工商银行非凡市经开支行		拨款金库	
金额（大写）	人民币壹拾万元整			百十万千百十元角分	¥10000000
拨款项目	技术改造项目			拨款人及银行盖章	

中国工商银行非凡市经开支行

52-1 号

固定资产调拨单

调出单位：吉星股份有限公司

调入单位：百大股份有限公司　　2023 年 12 月 17 日

调拨原因及依据	资产置换					评估确认价值		120 000.00	
固定资产名称	规格及型号	单位	数量	预计使用年数	已使用年数	原值	已提折旧	已提减值准备	净值
机床	B245	台	1	10	3	180 000	45 000	0	135 000
调出单位		（公章略）				调入单位		（公章略）	
财务：王其刚						财务：郭子阳			
经办：宋　阳						经办：许　忠			

52-2 号

中国工商银行　进账单（回单或收账通知）　1

2023 年 12 月 17 日　　第 25665881 号

付款人	全　称	百大股份有限公司	收款人	全　称	吉星股份有限公司
	账　号	855524530028		账　号	46203588325484
	开户银行	工商银行工信支行		开户银行	中国工商银行非凡市经开支行
人民币（大写）	壹万元整			百十万千百十元角分	¥1000000
票据种类	转账支票				
票据张数	1				
复核 李　萍　记账 郭天翼				收款人开户银行盖章	中国工商银行非凡市经开支行

此联是收款人开户行交给收款人的回单或收账通知

53 号

吉星股份有限公司领料单

领用单位：在建工程　　　　2023 年 12 月 18 日　　　　编号：231210

类别	名称	用途	计量单位	数量		金额	
				请领	实发	单价	金额
原材料	X 材料		千克	100	100	200.00	20 000.00
合　计							
备　注							

发料人：郭艳义　　记账：袁　枚　　领料部门负责人：戴振民　　领料人：王金波

54-1 号

电子发票（增值税专用发票）

发票号码：23222000000016681107

开票日期：2023 年 12 月 19 日

购买方信息	名称：科电股份有限公司 统一社会信用代码/纳税人识别号：468956822457671433	销售方信息	名称：吉星股份有限公司 统一社会信用代码/纳税人识别号：002362255741589786

货物或应税劳务、服务名称	规格型号	单位	数量	单价	金额	税率	税额
＊B 产品＊		件	110	700.00	77 000.00	13%	10 010.00
合计					¥77 000.00		¥10 010.00
价税合计（大写）	⊗捌万柒仟零壹拾元整（小写）¥87 010.00						

备注	
购方开户银行：松江商业银行宁江路支行	银行账号：257414425422
销方开户银行：中国工商银行兆凡市经开支行	银行账号：46203588325484

开票人：张晓影

54-2 号

吉星股份有限公司产品出库单

购货单位：科电股份有限公司　　2023 年 12 月 19 日　　编号 20231205

编号	名称及规格	单位	数量	单价	金额	备注
1	B 产品	件	110			
合　计			110		¥	

第二联　交财务

主管：王其刚　　会计：李明峰　　保管员：徐公杰　　经手人：王　猛

54-3 号

托收凭证（收账通知）　4

委托日期 2023 年 12 月 19 日　　付款期限　　年　　月　　日

<table>
<tr><td colspan="2">业务类型</td><td colspan="3">委托收款（□邮划、□电划）</td><td colspan="4">托收承付（□邮划、□电划）</td></tr>
<tr><td rowspan="3">付款人</td><td>全　称</td><td colspan="3">科电股份有限公司</td><td rowspan="3">收款人</td><td>全　称</td><td colspan="2">吉星股份有限公司</td></tr>
<tr><td>账　号</td><td colspan="3">257414425422</td><td>账　号</td><td colspan="2">46203588325484</td></tr>
<tr><td>地　址</td><td>吉林省
松江市（县）</td><td>开户行</td><td>松江商业银行
宁江路支行</td><td>地　址</td><td>吉林省
非凡市（县）</td><td>开户行 中国工商银行
非凡市经开支行</td></tr>
<tr><td>金额</td><td colspan="6">人民币（大写）捌万柒仟零壹拾元整</td><td colspan="2">亿 千 百 十 万 千 百 十 元 角 分
¥ 8 7 0 1 0 0 0</td></tr>
<tr><td colspan="2">款项内容</td><td>销售商品款</td><td>托收凭据名称</td><td colspan="2"></td><td>附寄单证张数</td><td colspan="2">1</td></tr>
<tr><td colspan="2">商品发运情况</td><td colspan="3">已发货</td><td colspan="2">合同名称号码</td><td colspan="2">2211556211611</td></tr>
<tr><td colspan="3">备注：
复　核　曹　陈
记　账　李　姝</td><td colspan="3">款项收妥日期

2023 年 12 月 19 日</td><td colspan="3">中国工商银行非凡市经开支行
收款人开户银行盖章
年　月　日</td></tr>
</table>

此联是收款人开户行交给收款人的回单或收账通知

55 号

中国工商银行 进 账 单（回单或收账通知） 1

2023 年 12 月 20 日　　　　第 523300214 号

付款人	全　称	冀景股份有限公司	收款人	全　称	吉星股份有限公司
	账　号	520001325562		账　号	46203588325484
	开户银行	中国银行净月支行		开户银行	中国工商银行非凡市经开支行
人民币（大写）	壹万壹仟柒佰元整			百十万千百十元角分	¥ 1 1 7 0 0 0 0
票据种类	转账支票				
票据张数	1				
复核 李萍　记账 郭天翼			收款人开户银行盖章（中国工商银行非凡市经开支行）		

此联是收款人开户行交给收款人的回单或收账通知

56-1 号

电子发票（增值税专用发票）

（全国统一发票监制章 吉林省税务局）

发票号码：23222000000016682221

开票日期：2023 年 12 月 20 日

购买方信息	名称：吉星股份有限公司 统一社会信用代码/纳税人识别号：002362255741589786	
销售方信息	名称：利华公司 统一社会信用代码/纳税人识别号：798225625345663118	

货物或应税劳务、服务名称	规格型号	单位	数量	单价	金额	税率	税额
包装箱		个	100	90.00	9 000.00	13%	1 170.00
合计					¥9 000.00		¥1 170.00
价税合计（大写）	⊗壹万零壹佰柒拾元整		（小写）	¥10 170.00			

备注	购方开户银行：中国工商银行非凡市经开支行	银行账号：46203588325484
	销方开户银行：中国银行非凡市立新支行	银行账号：85298985556

开票人：吴美丽

56-2 号

吉星股份有限公司收料单

供应单位：利华公司　　　　2023 年 12 月 20 日　　　　材料类别：包装物

发 票 号：230588　　　　计划成本：80 元／件

材料名称	计量单位	数量		实际成本											成本差异								
		应收	实收	单价	运费	百	十	万	千	百	十	元	角	分	+/−	十	万	千	百	十	元	角	分
包装物	件	100	100	90.00					9	0	0	0	0	0	+			1	0	0	0	0	0
合 计									9	0	0	0	0	0	+			1	0	0	0	0	0
备 注：																							

主管：李 海　　　　记账：袁 枚　　　　收料员：郭艳义

56-3 号

中国工商银行（吉）

转账支票存根

NO. 202312019

附加信息

出票日期 2023 年 12 月 20 日

收款人：	利华公司
金 额：	¥10 170.00
用 途：	支付货款

单位主管 王其刚　　会计 李铭丰

57-1 号

收款收据（第三联）

收款日期：2023 年 12 月 21 日

交款单位	吉星股份有限公司					支付方式	转账支票							
人民币（大写）	玖仟陆佰元整						百	十	万	千	百	十	元	角	分
									¥	9	6	0	0	0	0
收款事由	仓库租金					经办	部门							
							人员							
非凡市铁路局货运段 上记款项照数收讫无误。 （收款单位财会专用章）	会计主管人员	李彬	稽核员	于彤	出纳员	刘宇	交款人	李丹						

第三联 给交款单位

57-2 号

中国工商银行（吉）

转账支票存根

NO. 202312023

附加信息

出票日期 2023 年 12 月 21 日

收款人：	非凡市铁路局
金　额：	¥9 600. 00
用　途：	支付租金

单位主管 王其刚　会计 李铭丰

58-1 号

电子发票（普通发票）

发票号码：23222000000016682222

开票日期：2023 年 12 月 22 日

购买方信息	名称：吉星股份有限公司 统一社会信用代码/纳税人识别号：002362255741589786			销售方信息	名称：新意广告公司 统一社会信用代码/纳税人识别号：932461185562118172		
货物或应税劳务、服务名称	规格型号	单位	数量	单价	金额	税率	税额
＊广告费＊					8 113. 00	6%	487. 00
合计					¥8 113. 00		¥487. 00
价税合计（大写）	⊗捌仟陆佰元整　（小写）¥8 600. 00						
备注	购方开户银行：中国工商银行非凡市经开支行　银行账号：46203588325484 销方开户银行：非凡市商业银行临河街支行　银行账号：622100811162318						

开票人：李　挺

58-2 号

中国工商银行（吉）

转账支票存根

NO. 202312021

附加信息

出票日期 2023 年 12 月 22 日

收款人：	新意广告公司
金　额：	¥8 600. 00
用　途：	支付广告费

单位主管 王其刚　　会计 李铭丰

59 号

中国工商银行（吉）

转账支票存根

NO. 202312022

附加信息

出票日期 2023 年 12 月 22 日

收款人：	亚太公司
金　额：	¥10 000. 00
用　途：	预付款

单位主管 王其刚　　会计 李铭丰

60 号

中国工商银行（吉）

现金支票存根

NO. 202312002

附加信息

出票日期 2023 年 12 月 23 日

收款人：	吉星股份有限公司
金　额：	¥3 800. 00
用　途：	备用金

单位主管 王其刚　　会计 李铭丰

61－1 号

非凡市税务局

印花税票报销专用凭证

购买单位：吉星股份有限公司

地址：非凡市南湖大路 224 号

2023 年 12 月 23 日

印花税票面值	单位	数量	税额								备注
			十	万	千	百	十	元	角	分	
壹　角	枚										
贰　角	枚										
伍　角	枚										
壹　元	枚										
贰　元	枚										
伍　元	枚	70				3	5	0	0	0	
壹拾元	枚	40				4	0	0	0	0	
伍拾元	枚	15				7	5	0	0	0	
壹佰元	枚	5				5	0	0	0	0	
合计人民币（大写）	贰仟元整			¥	2	0	0	0	0	0	

第一联　收据联

经办单位：　　　　经办人：柳　成

61－2 号

中国工商银行（吉）

转账支票存根

NO. 202312023

附加信息

出票日期 2023 年 12 月 23 日

收款人：	非凡市税务局
金　额：	¥2 000. 00
用　途：	支付印花税

单位主管　王其刚　　会计　李铭丰

62 号

完工产品入库单

2023 年 12 月 23 日

产品名称	计量单位	入库数量	单位成本	总成本
A 产品	件	40		
B 产品	件	400		
合计				

记账：宋晓红　　验收：刘　宇　　仓库保管员：吴庆岳　　交货人：王　强

---

63 号

中国工商银行　进 账 单（回单或收账通知）　1

2023 年 12 月 24 日　　第 25115666 号

<table>
<tr><td rowspan="3">付款人</td><td>全　　称</td><td>科电股份有限公司</td><td rowspan="3">收款人</td><td>全　　称</td><td colspan="9">吉星股份有限公司</td></tr>
<tr><td>账　　号</td><td>257414425422</td><td>账　　号</td><td colspan="9">46203588325484</td></tr>
<tr><td>开户银行</td><td>松江商业银行宁江路支行</td><td>开户银行</td><td colspan="9">中国工商银行非凡市经开支行</td></tr>
<tr><td rowspan="2">人民币（大写）</td><td colspan="4" rowspan="2">捌万柒仟零壹拾元整</td><td>百</td><td>十</td><td>万</td><td>千</td><td>百</td><td>十</td><td>元</td><td>角</td><td>分</td></tr>
<tr><td></td><td>¥</td><td>8</td><td>7</td><td>0</td><td>1</td><td>0</td><td>0</td><td>0</td></tr>
<tr><td colspan="2">票据种类</td><td>电汇</td><td colspan="11" rowspan="3">收款人开户银行盖章
（印章：中国工商银行非凡市经开支行）</td></tr>
<tr><td colspan="2">票据张数</td><td></td></tr>
<tr><td colspan="3">复核 李　萍　　记账 郭天翼</td></tr>
</table>

此联是收款人开户行交给收款人的回单或收账通知

64-1 号

非专利技术买卖合同

（略）

64-2 号

中国工商银行 进 账 单（回单或收账通知） 1

2023 年 12 月 24 日　　第 1255520 号

付款人	全　称	福明股份有限公司	收款人	全　称	吉星股份有限公司
	账　号	8923325445		账　号	46203588325484
	开户银行	非凡市商业银行长江路支行		开户银行	中国工商银行非凡市经开支行

人民币（大写）	壹拾万元整	百	十	万	千	百	十	元	角	分
		¥	1	0	0	0	0	0	0	0

票据种类	转账支票
票据张数	1

复核 李　萍　　记账 郭天翼

中国工商银行非凡市经开支行

收款人开户银行盖章

此联是收款人开户行交给收款人的回单或收账通知

64-3 号

电子发票（增值税专用发票）

全国统一发票监制章 国家税务总局 吉林省税务局

发票号码：23222000000016682223

开票日期：2023 年 12 月 24 日

购买方信息	名称：福明股份有限公司 统一社会信用代码/纳税人识别号：022525989848611433
销售方信息	名称：吉星股份有限公司 统一社会信用代码/纳税人识别号：002362255741589786

货物或应税劳务、服务名称	规格型号	单位	数量	单价	金额	税率	税额
*特许经营权			1		100 000.00	6%	6 000.00
合计					¥100 000.00		¥6 000.00
价税合计（大写）	⊗壹拾万零陆仟元整 （小写）¥106 000.00						

备注：
购方开户银行：非凡市商业银行长江路支行　　银行账号：8923325445
销方开户银行：中国工商银行非凡市经开支行　　银行账号：46203588325484

开票人：张晓影

65-1 号

水费计算分配表

2023 年 12 月 25 日

部门	会计科目	负担金额
生产车间	制造费用	3 808.00
机修车间	生产成本——辅助生产成本	521.00
热力车间	生产成本——辅助生产成本	643.00
管理部门	管理费用	415.00
合计		5 387.00

主管：李　硕　　复核：王　丹　　制表：黎　明

65-2 号

委托收款凭证（付款通知）　5

委托日期　2023 年 12 月 25 日

付款单位	全　称	吉星股份有限公司	收款单位	全　称	非凡市自来水公司
	账　号	46203588325484		账号或地址	205557884526
	开户银行	中国工商银行非凡市经开支行		开户银行	中国银行非凡市经开支行
委收金额	人民币（大写）伍仟叁佰捌拾柒元整			千百十万千百十元角分	¥538700
款项内容	水费	委托收款凭据名称		附寄单证张数	
备注：		收款人盖章		上列款项已由你账户内付出特此通知　付款人开户银行盖章	

单位主管 王其刚　　会计 李铭丰　　复核 郭　翼　　记账 李伟刚

---

66 号

中国工商银行贷款利息通知单（支款通知）

2023 年 12 月 25 日

存款	账号	46203588325484	贷款种类	积数金额	利率‰	利息金额
	户名	吉星股份有限公司	（略）	（略）	（略）	（略）
贷款	账号	46203588325382	贷款种类	积数金额	利率‰	利息金额
	户名	吉星股份有限公司				13 500. 00
利息金额合计人民币（大写）		壹万叁仟伍佰元整				
计息期：10—12 月		上列贷款利息已从你单位结算存款账户如数支付，请即入账				

---

68 号

委托收款凭证（付款通知）　5

委托日期　2023 年 12 月 26 日

收款单位	全　称	金豆公司	付款单位	全　称	吉星股份有限公司
	账　号	528222263233		账号	46203588325484
	开户银行	中国工商银行光明分理处		开户银行	中国工商银行非凡市经开支行
委收金额	人民币（大写）壹拾壹万柒仟元整			千百十万千百十元角分	¥11700000
款项内容		委托收款凭据名称		附寄单证张数	
备注：		收款人盖章 李　尚		上列款项已由你账户内付出特此通知　付款人开户银行盖章	

单位主管 王其刚　　会计 李铭丰　　复核 郭　翼　　记账 李伟刚

69 号

中国工商银行（吉）
转账支票存根
NO. 202312024

附加信息

出票日期 2023 年 12 月 26 日

收款人：	人保财险非凡市分公司
金 额：	¥3 400.00
用 途：	支付车船税

单位主管 王其刚 会计 李铭丰

70-1 号

债务重组协议

（具体内容略）

70-2 号

中国工商银行 进 账 单（回单或收账通知） 1

2023 年 12 月 27 日 第 2548552 号

付款人	全 称	德利股份有限公司	收款人	全 称	吉星股份有限公司
	账 号	786985233522		账 号	46203588325484
	开户银行	中国工商银行非凡市庆利支行		开户银行	中国工商银行非凡市经开支行

人民币（大写）	肆拾万元整	百	十	万	千	百	十	元	角	分
		¥	4	0	0	0	0	0	0	0

票据种类	电汇
票据张数	

复核 李 萍 记账 郭天翼

中国工商银行非凡市经开支行

收款人开户银行盖章

此联是收款人开户行交给收款人的回单或收账通知

71-1 号

中国工商银行（吉）

转账支票存根

NO. 2023120245

附加信息

出票日期 2023 年 12 月 28 日

收款人：	江汉酒家
金　额：	¥8 549. 00
用　途：	招待费

单位主管 王其刚　　会计 李铭丰

71-2 号

电子发票（普通发票）

发票号码：23222000000016682224

开票日期：2023 年 12 月 24 日

购买方信息	名称：吉星股份有限公司 统一社会信用代码/纳税人识别号：002362255741589	销售方信息	名称：江汉酒家 统一社会信用代码/纳税人识别号：568000066007716136

货物或应税劳务、服务名称	规格型号	单位	数量	单价	金额	税率	税额
＊餐费＊					8 065. 00	6%	484. 00
合计					¥8 065. 00		¥484. 00

价税合计（大写）	⊗捌仟伍佰肆拾玖元整　（小写）¥8 549. 00

备注	购方开户银行：中国工商银行非凡市经开支行	银行账号：46203588325484
	销方开户银行：非凡市商业银行净月大街支行	银行账号：46203588325484

开票人：李　克

74-1 号

电费计算分配表

2023 年 12 月 30 日

部门	费用科目	负担金额
生产车间	制造费用	13 475.00
机修车间	生产成本——辅助生产成本	4 124.00
热力车间	生产成本——辅助生产成本	1 379.00
管理部门	管理费用	615.00
销售部门	销售费用	236.00
合计		19 829.00

主管：王其刚　　复核：李　伟　　制表：李铭丰

74-2 号

委托收款凭证（付款通知）　5

委托日期　2023 年 12 月 30 日

付款单位	全　称	吉星股份有限公司	收款单位	全　称	非凡市电力公司
	账　号	46203588325484		账号或地址	335557886666
	开户银行	中国工商银行非凡市经开支行		开户银行	中国银行广场支行

委收金额	人民币（大写）壹万玖仟捌佰贰拾玖元整	千	百	十	万	千	百	十	元	角	分
				¥	1	9	8	2	9	0	0

款项内容	电费	委托收款凭据名称		附寄单证张数	

备注：		收款人盖章	上列款项已由你账户内付出特此通知 付款人开户银行盖章

中国工商银行非凡市经开支行

主管：薛　刚　　复核：李　依　　制表：李　风

76 号

固定资产折旧费用分配表

2023 年 12 月

部门	费用科目	原值	月折旧率	月折旧额	合计
生产车间	机器设备	2 000 000.00	1.5%	30 000.00	57 000.00
	房屋建筑物	4 500 000.00	0.6%	27 000.00	
机修车间	机器设备	200 000.00	1.8%	3 600.00	7 800.00
	房屋建筑物	525 000.00	0.8%	4 200.00	
热力车间	机器设备	500 000.00	1.3%	6 500.00	9 000.00
	房屋建筑物	500 000.00	0.5%	2 500.00	
管理部门	机器设备	100 000.00	1.2%	1 200.00	3 000.00
	房屋建筑物	300 000.00	0.6%	1 800.00	
销售部门	专用设备	40 000.00	0.5%	200.00	200.00
合计					77 000.00

主管：王其刚　　复核：李　伟　　制表：李铭丰

77-1 号

12 月份各车间、部门领用的原材料汇总表

领料部门		原材料							
		X			Y			合计	成本差异
		数量	计划成本	成本差异	数量	计划成本	成本差异		
基本生产车间	A 产品								
	B 产品								
	一般耗用								
机修车间									
热力车间									
管理部门									
销售部门									
在建工程									
合计									

主管：王其刚　　复核：李　伟　　制表：李铭丰

77-2 号

12 月份各车间、部门领用的包装物及低值易耗品汇总表

领料部门		包装物			低值易耗品		
		数量	计划成本	成本差异	数量	计划成本	成本差异
基本生产车间	A 产品						
	B 产品						
	一般耗用						
机修车间							
热力车间							
管理部门							
销售部门							
在建工程							
合计							

主管：　　　　复核：　　　　制表：

78 号

原材料、包装物、低值易耗品成本差异率计算表

2023 年 12 月 31 日　　　　金额单位：元

类别	月初结存差异	本月收料差异	月初结存计划成本	本月收料计划成本	差异分配率（保留 4 位小数）
原材料—— X					
原材料—— Y					
包装物					
低值易耗品					

主管：王其刚　　　　复核：李　伟　　　　制表：李铭丰

79 号

中国工商银行　进 账 单（回单或收账通知）　1

2023 年 12 月 31 日　　　　第 25011425 号

付款人	全　称	东北亚证券公司	收款人	全　称	吉星股份有限公司
	账　号	2000088889999		账　号	46203588325484
	开户银行	吉林银行朝阳支行		开户银行	中国工商银行非凡市经开支行

人民币（大写）	伍拾伍万玖仟陆佰零玖元整	百	十	万	千	百	十	元	角	分
		¥	5	5	9	6	0	9	0	0

票据种类	电汇	中国工商银行非凡市经开支行
票据张数		
复核 李　萍　　记账 郭天翼		收款人开户银行盖章

此联是收款人开户行交给收款人的回单或收账通知

80 号

工资费用分配表

2023 年 12 月

分派对象		应付工资
生产车间	A 产品	126 800.00
	B 产品	186 200.00
	小计	313 000.00
制造费用		12 600.00
机修车间		45 000.00
热力车间		30 000.00
管理部门		28 000.00
销售部门		8 600.00
合计		437 200.00

主管：王其刚　　复核：李　伟　　制表：李铭丰

81 号

职工福利费、工会经费、职工教育经费计算表

2023 年 12 月

分派对象		应付工资	计提三项经费			
			福利费	工会经费	职工教育经费	小计
生产车间	A 产品	126 800.00				
	B 产品	186 200.00				
	小计	313 000.00				
制造费用		12 600.00				
机修车间		45 000.00				
热力车间		30 000.00				
管理部门		28 000.00				
销售部门		8 600.00				
合计		437 200.00				

主管：王其列　　复核：李　伟　　制表：李铭丰

82 号

辅助生产费用分配表

（直接分配法）

2023 年 12 月 31 日　　金额单位：元

项目			机修车间（工时）		热力车间（度）	
			数量	金额	数量	金额
待分配辅助生产费用						
劳务供应总量						
辅助生产单位以外的供应量						
费用分配率						
受益单位	辅助生产车间	机修车间				
		热力车间				
	基本生产车间	A 产品				
		B 产品				
		一般耗费				
	行政管理部门					
	销售部门					
合计						

主管：王其刚　　复核：李　伟　　制表：李铭丰

83 号

制造费用分配表

2023 年 12 月 31 日

应借科目		总分配金额	生产工时	分配率	分配金额
生产成本——基本生产成本	A 产品				
	B 产品				
合计					

主管：王其列　　复核：李　伟　　制表：李铭丰

84-1 号

产品成本计算表

产品：A 产品

摘要	直接材料	直接人工	制造费用	其他	合计
月初在产品					
本月发生费用					
生产费用合计					
本月完工产品数量					
月末在产品数量					
月末在产品约当产量					
生产量合计					
费用分配率					
本月完工产品总成本					
月末在产品成本					

主管：王其列　　复核：李　伟　　制表：李铭丰

84-2 号

产品成本计算表

产品：B 产品

摘要	直接材料	直接人工	制造费用	其他	合计
月初在产品					
本月发生费用					
生产费用合计					
本月完工产品数量					
月末在产品数量					
月末在产品约当产量					
生产量合计					
费用分配率					
本月完工产品总成本					
月末在产品成本					

主管：王其刚　　复核：李　伟　　制表：李铭丰

85 号

坏账准备计提表

2023 年 12 月 31 日

应收账款余额	计提比率	应提金额	账面已提	实际应提

主管：王其刚　　复核：李　伟　　制表：李铭丰

87-1 号

以公允价值计量且其变动计入当期损益的金融资产公允价值变动表

2023 年 12 月 31 日

项目	成本	公允价值	本期公允价值变动损益
宝盈股份（期初）	110 000	120 000	
华联股份	72 500	122 500	
合计	182 500	242 500	

87-2 号

以公允价值计量且其变动计入其他综合收益的金融资产公允价值变动表

2023 年 12 月 31 日

项目	成本	公允价值	本期公允价值变动损益
百大股份	120 000	130 000	
合计			

89-1 号

存货跌价准备计提表

2023 年 12 月 31 日

账面价值	可变现净值	应提额	账面已提	实际应提
		5 460	0	5 460

主管：王其刚　　复核：李　伟　　制表：李铭丰

89-2 号

固定资产减值准备计提表

2023 年 12 月 31 日

账面价值	可变现净值	应提额	账面已提	实际应提
		22 680	0	22 680

主管：王其刚　　复核：李　伟　　制表：李铭丰

91 号

主营业务成本计算表

2023 年 12 月　　金额单位：元

产品名称		A 产品	B 产品
月初库存产品	数量（件）		—
	总成本		
	单位成本		—
本月完工入库产品	数量（件）		—
	总成本		
	单位成本		—
销售退回产品	数量（件）		—
	总成本		
	单位成本		—
合计	数量（件）		—
	总成本		
	单位成本		—
本月销售产品	数量（件）		—
	总成本		
	单位成本		—
月末库存产品	数量（件）		—
	总成本		
	单位成本		—

主管：王其刚　　复核：李　伟　　制表：李铭丰

92 号

本月各种税金计算表

2023 年 12 月 31 日

本月 应交增值税	本月计提 城市维护建设税（7%）	本月计提 教育费附加（3%）

95 号

企业所得税纳税调整项目表

申报期　　年　月　日至　月　日　　　　金额单位：元

项目	行次	本期数	累计数
一、纳税调整增加额	1		
1. 超过规定标准项目	2		
（1）工资支出	3		
（2）职工福利费	4		
（3）职工教育经费	5		
（4）工会经费	6		
（5）利息支出	7		
（6）业务招待费	8		
（7）公益救济性捐赠	9		
（8）提取折旧费	10		
（9）无形资产摊销	11		
（10）其他	12		
2. 不允许扣除项目	13		
（1）资本性支出	14		
（2）无形资产受让、开发支出	15		
（3）违法经营罚款和被没收财物损失	16		
（4）税收滞纳金、罚金、罚款	17		
（5）灾害事故损失赔偿	18		
（6）非公益救济性捐赠	19		
（7）各种赞助支出	20		
（8）与收入无关的支出	21		
3. 应税收益项目	22		
（1）少计应税收益	23		
（2）未计应税收益	24		
二、纳税调整减少额	25		
1. 弥补亏损	26		
2. 联营企业分回利润	27		
3. 境外收益	28		
4. 技术转让收益	29		
5. 治理“三废”收益	30		
6. 新产品实现利润	31		
7. 股息收入	32		
8. 国库券利息收入	33		
9. 国家补贴收入	34		
10. 其他	35		

申报单位章：　　　　　　填报日期：　　年　月　日

第七部分

实验材料

一、所需实验材料明细

1. 记账凭证（通用型）120 张
2. 科目汇总表 2 张
3. 账簿使用登记和经管人员一览表（每个账簿 1 张）
4. 订本式总分类账 1 本
5. 库存现金日记账 1 张
6. 银行存款日记账 1 张
7. 三栏式明细账 1 本
8. 材料明细账 4 张
9. 材料采购明细账 4 张
10. 材料成本差异明细账 4 张
11. 库存商品明细账 2 张
12. 应交税费——应交增值税明细账 1 张
13. 生产成本明细账 4 张
14. 制造费用明细账 1 张
15. 主营业务收入明细账 1 张
16. 主营业务成本明细账 1 张
17. 销售费用明细账 1 张
18. 管理费用明细账 1 张
19. 财务费用明细账 1 张
20. 凭证封面 2 张
21. 抽出附件登记簿 1 张
22. 资产负债表、利润表、现金流量表各 1 张
23. 账绳 2 根（自备）
24. 锥子 1 个（自备）

二、实验材料（样本）

记 账 凭 证

年 月 日

字第 号

摘 要	会计科目		记账	借方金额										记账	贷方金额									
	总账科目	明细科目	√	千	百	十	万	千	百	十	元	角	分	√	千	百	十	万	千	百	十	元	角	分
合 计																								

会计主管　　记账　　出纳　　审核　　制单

记 账 凭 证

年 月 日

字第 号

摘 要	会计科目		记账	借方金额										记账	贷方金额									
	总账科目	明细科目	√	千	百	十	万	千	百	十	元	角	分	√	千	百	十	万	千	百	十	元	角	分
合 计																								

会计主管　　记账　　出纳　　审核　　制单

科目汇总表

编制单位：吉星股份有限公司　　　　　　　　　年　　月　　日—　　日　　　　　　　　　　　　单位：元

科目编码	科目名称	本期发生额	
		借方	贷方

科目汇总表

编制单位：吉星股份有限公司　　　　年　　月　　日—　　日　　　　单位：元

科目编码	科目名称	本期发生额	
		借方	贷方

账簿使用登记和经管人员一览表

单位名称：　　　　账簿页数：

账簿名称：　　　　启用日期：　　　　截止日期：

账簿编号：　　　　会计主管（签章）：

账簿册数：　　　　记账人员（签章）：

移交日期			移交人		接管日期			接管人		会计主管	
年	月	日	姓名	签章	年	月	日	姓名	签章	姓名	签章
印花税票					单位印鉴						

总　分　类　账

科目名称：

总页码	
本户页次	

年		记账凭证		摘　要	借　方											贷　方											借或贷	余　额										
月	日	字	号		亿	千	百	十	万	千	百	十	元	角	分	亿	千	百	十	万	千	百	十	元	角	分		亿	千	百	十	万	千	百	十	元	角	分

库存现金日记账

总页码	
本户页次	

年		记账凭证		摘要	对应科目	借方											贷方											借或贷	余额										
月	日	字	号			亿	千	百	十	万	千	百	十	元	角	分	亿	千	百	十	万	千	百	十	元	角	分		亿	千	百	十	万	千	百	十	元	角	分

银行存款日记账

总页码	
本户页次	

户名：　　　　　　　　　　账户：

年		记账凭证		摘要	现金支票号码	转账支票号码	借方											贷方											借或贷	余额										
月	日	字	号				亿	千	百	十	万	千	百	十	元	角	分	亿	千	百	十	万	千	百	十	元	角	分		亿	千	百	十	万	千	百	十	元	角	分

明细账

总页码	
本户页次	

科目名称：

年		记账凭证		摘要	借方											贷方											借或贷	余额										
月	日	字	号		亿	千	百	十	万	千	百	十	元	角	分	亿	千	百	十	万	千	百	十	元	角	分		亿	千	百	十	万	千	百	十	元	角	分

材料明细账

本账页数____； 本户页数____

编号________ 类别________ 材料名称________ 计量单位________ 计划单价________

年		记账凭证		摘要	收入													发出													结存												
月	日	字	号		数量	单价	金额											数量	单价	金额											数量	单价	金额										
							亿	千	百	十	万	千	百	十	元	角	分			亿	千	百	十	万	千	百	十	元	角	分			亿	千	百	十	万	千	百	十	元	角	分

材料采购明细账

本账页数____；本户页数____

编号________　类别________　材料名称________　计量单位________　计划单价________

年		记账凭证		摘要	收入													发出													结存												
月	日	字	号		数量	单价	金额											数量	单价	金额											数量	单价	金额										
							亿	千	百	十	万	千	百	十	元	角	分			亿	千	百	十	万	千	百	十	元	角	分			亿	千	百	十	万	千	百	十	元	角	分

材料成本差异明细账

总页码	
本户页次	

材料名称：

年		记账凭证		摘要	本月收入																								差异分配率	本月发出																								本月结存																							
					计划成本								借方差额（超支）								贷方差额（节约）									计划成本								借方差额（超支）								贷方差额（节约）								计划成本								借方差额（超支）								贷方差额（节约）							
月	日	字	号		十	万	千	百	十	元	角	分	十	万	千	百	十	元	角	分	十	万	千	百	十	元	角	分		十	万	千	百	十	元	角	分	十	万	千	百	十	元	角	分	十	万	千	百	十	元	角	分	十	万	千	百	十	元	角	分	十	万	千	百	十	元	角	分	十	万	千	百	十	元	角	分

库存商品明细账

计量单位：

规　　格：

本账页数____；本户页数____

年		凭证编号	摘要	收入										发出										结存									
月	日			数量	单价	金额								数量	单价	金额								数量	单价	金额							
						十	万	千	百	十	元	角	分			十	万	千	百	十	元	角	分			十	万	千	百	十	元	角	分

库存商品明细账

计量单位：

规　　格：

本账页数____；本户页数____

年		凭证编号	摘要	收入										发出										结存									
月	日			数量	单价	金额								数量	单价	金额								数量	单价	金额							
						十	万	千	百	十	元	角	分			十	万	千	百	十	元	角	分			十	万	千	百	十	元	角	分

应交税费——应交增值税明细账

本账页数____；本户页数____

年		凭证编号	摘要	借方																																贷方																																借或贷	余额							
月	日			进项税额								已交税金								出口抵税								转出未交税								销项税额								出口退税								进项税额转出								转出多交税																
				十	万	千	百	十	元	角	分	十	万	千	百	十	元	角	分	十	万	千	百	十	元	角	分	十	万	千	百	十	元	角	分	十	万	千	百	十	元	角	分	十	万	千	百	十	元	角	分	十	万	千	百	十	元	角	分	十	万	千	百	十	元	角	分		十	万	千	百	十	元	角	分

生产成本明细账

本账页数____；本户页数____

年		凭证编号	摘要	借方（成本项目）																																				贷方									余额								
月	日			百	十	万	千	百	十	元	角	分	百	十	万	千	百	十	元	角	分	百	十	万	千	百	十	元	角	分	百	十	万	千	百	十	元	角	分	百	十	万	千	百	十	元	角	分	百	十	万	千	百	十	元	角	分

制造费用明细账

本账页数____；本户页数____

年		凭证编号	摘要	借方（项目）																																				贷方									余额								
月	日			百	十	万	千	百	十	元	角	分	百	十	万	千	百	十	元	角	分	百	十	万	千	百	十	元	角	分	百	十	万	千	百	十	元	角	分	百	十	万	千	百	十	元	角	分	百	十	万	千	百	十	元	角	分

主营业务收入明细账

本账页数_____；本户页数_____

年		凭证编号	摘要	借方									贷方（项目）																																		余额								
月	日			百	十	万	千	百	十	元	角	分	百	十	万	千	百	十	元	角	分	百	十	万	千	百	十	元	角	分	百	十	万	千	百	十	元	角	分	百	十	万	千	百	十	元	角	分	百	十	万	千	百	十	元	角	分

主营业务成本明细账

本账页数____；本户页数____

年		凭证编号	摘要	借方（项目）																																				贷方									余额								
月	日			百	十	万	千	百	十	元	角	分	百	十	万	千	百	十	元	角	分	百	十	万	千	百	十	元	角	分	百	十	万	千	百	十	元	角	分	百	十	万	千	百	十	元	角	分	百	十	万	千	百	十	元	角	分

销售费用明细账

本账页数____ ； 本户页数____

年		凭证编号	摘要	借方（项目）																																				贷方									余额								
月	日			百	十	万	千	百	十	元	角	分	百	十	万	千	百	十	元	角	分	百	十	万	千	百	十	元	角	分	百	十	万	千	百	十	元	角	分	百	十	万	千	百	十	元	角	分	百	十	万	千	百	十	元	角	分

管理费用明细账

本账页数____；本户页数____

年		凭证编号	摘要	借方（项目）																																				贷方									余额								
月	日			百	十	万	千	百	十	元	角	分	百	十	万	千	百	十	元	角	分	百	十	万	千	百	十	元	角	分	百	十	万	千	百	十	元	角	分	百	十	万	千	百	十	元	角	分	百	十	万	千	百	十	元	角	分

财务费用明细账

本账页数____；本户页数____

年		凭证编号	摘要	借方（项目）																																				贷方									余额								
月	日			百	十	万	千	百	十	元	角	分	百	十	万	千	百	十	元	角	分	百	十	万	千	百	十	元	角	分	百	十	万	千	百	十	元	角	分	百	十	万	千	百	十	元	角	分	百	十	万	千	百	十	元	角	分

凭证封面

编号

年　　月份

单位名称	吉星股份有限公司
凭证名称	记账凭证
册　数	第　　册共　　册
起讫编号	自第　　号至第　　号止共计　　张
起讫日期	自　　　年　　月　　日至　　　年　　月　　日

财务经理：　　　　　　　　　　　　　　　　装订：

凭证封面

编号

年　　月份

单位名称	吉星股份有限公司
凭证名称	记账凭证
册　数	第　　册共　　册
起讫编号	自第　　号至第　　号止共计　　张
起讫日期	自　　　年　　月　　日至　　　年　　月　　日

财务经理：　　　　　　　　　　　　　　　　装订：

抽出附件登记簿

抽出日期			抽出附件的详细名称	抽出理由	抽取人签章	主管签章	备　注
年	月	日					

资产负债表

会企 01 表

编制单位：　　　　　　　　　　　____年____月____日　　　　　　　　　　单位：元

资产	期末余额	上年年末余额	负债和所有者权益（或股东权益）	期末余额	上年年末余额
流动资产：			流动负债：		
货币资金			短期借款		
交易性金融资产			交易性金融负债		
衍生金融资产			衍生金融负债		
应收票据			应付票据		
应收账款			应付账款		
应收款项融资			预收款项		
预付款项			合同负债		
其他应收款			应付职工薪酬		
存货			应交税费		
合同资产			其他应付款		
持有待售资产			持有待售负债		
一年内到期的非流动资产			一年内到期的非流动负债		
其他流动资产			其他流动负债		
流动资产合计			流动负债合计		
非流动资产：			非流动负债：		
债权投资			长期借款		
其他债权投资			应付债券		
长期应收款			其中：优先股		
长期股权投资			永续债		
其他权益工具投资			租赁负债		
其他非流动金融资产			长期应付款		
投资性房地产			预计负债		
固定资产			递延收益		
在建工程			递延所得税负债		
生产性生物资产			其他非流动负债		
油气资产			非流动负债合计		
使用权资产			负债合计		
无形资产					

续表

资产	期末余额	上年年末余额	负债和所有者权益（或股东权益）	期末余额	上年年末余额
开发支出			所有者权益（或股东权益）：		
商誉			实收资本（或股本）		
长期待摊费用			其他权益工具		
递延所得税资产			其中：优先股		
其他非流动资产			永续债		
非流动资产合计			资本公积		
			减：库存股		
			其他综合收益		
			专项储备		
			盈余公积		
			未分配利润		
			所有者权益（或股东权益）合计		
资产总计			负债和所有者权益（或股东权益）总计		

利　润　表

会企 02 表

编制单位：　　　　　　　　　　　　年度　　　　　　　　　　　　单位：元

项目	本期金额	上期金额
一、营业收入		
减：营业成本		
税金及附加		
销售费用		
管理费用		
研发费用		
财务费用		
其中：利息费用		
利息收入		
加：其他收益		
投资收益（损失以“-”号填列）		
其中：对联营企业和合营企业的投资收益		
以摊余成本计量的金融资产终止确认收益（损失以“-”号填列）		
净敞口套期收益（损失以“-”号填列）		
公允价值变动收益（损失以“-”号填列）		
信用减值损失（损失以“-”号填列）		
资产减值损失（损失以“-”号填列）		
资产处置收益（损失以“-”号填列）		
二、营业利润（亏损以“-”号填列）		
加：营业外收入		
减：营业外支出		
三、利润总额（亏损总额以“-”号填列）		
减：所得税费用		
四、净利润（净亏损以“-”号填列）		
（一）持续经营净利润（净亏损以“-”号填列）		
（二）终止经营净利润（净亏损以“-”号填列）		
五、其他综合收益的税后净额		
（一）不能重分类进损益的其他综合收益		
1. 重新计量设定受益计划变动额		
2. 权益法下不能转损益的其他综合收益		
3. 其他权益工具投资公允价值变动		
4. 企业自身信用风险公允价值变动		
……		
（二）将重分类进损益的其他综合收益		
1. 权益法下可转损益的其他综合收益		
2. 其他债权投资公允价值变动		
3. 金融资产重分类计入其他综合收益的金额		
4. 其他债权投资信用减值准备		
5. 现金流量套期储备		
6. 外币财务报表折算差额		
……		
六、综合收益总额		
七、每股收益：		
（一）基本每股收益		
（二）稀释每股收益		

现金流量表

会企 03 表

编制单位：　　　　　　　　　　　　年度　　　　　　　　　　　　单位：元

项目	本期金额	上期金额
一、经营活动产生的现金流量：		
销售商品、提供劳务收到的现金		
收到的税费返还		
收到其他与经营活动有关的现金		
经营活动现金流入小计		
购买商品、接受劳务支付的现金		
支付给职工以及为职工支付的现金		
支付的各项税费		
支付其他与经营活动有关的现金		
经营活动现金流出小计		
经营活动产生的现金流量净额		
二、投资活动产生的现金流量：		
收回投资收到的现金		
取得投资收益收到的现金		
处置固定资产、无形资产和其他长期资产收回的现金净额		
处置子公司及其他营业单位收到的现金净额		
收到其他与投资活动有关的现金		
投资活动现金流入小计		
购建固定资产、无形资产和其他长期资产支付的现金		
投资支付的现金		
取得子公司及其他营业单位支付的现金净额		
支付其他与投资活动有关的现金		
投资活动现金流出小计		
投资活动产生的现金流量净额		
三、筹资活动产生的现金流量：		
吸收投资收到的现金		
取得借款收到的现金		
收到其他与筹资活动有关的现金		
筹资活动现金流入小计		
偿还债务支付的现金		
分配股利、利润或偿付利息支付的现金		
支付其他与筹资活动有关的现金		
筹资活动现金流出小计		
筹资活动产生的现金流量净额		
四、汇率变动对现金及现金等价物的影响		
五、现金及现金等价物净增加额		
加：期初现金及现金等价物余额		
六、期末现金及现金等价物余额		

附录

会计核算参考答案

经济业务序号	记账凭证序号	摘要（略）	科目名称	借方金额	贷方金额	附原始凭证张数
1	1		管理费用——办公用品	1 480.00		2
			银行存款		1 480.00	
2	2		库存现金	1 200.00		1
			银行存款		1 200.00	
3	3		材料采购——X 材料	110 000.00		3
			——Y 材料	100 000.00		
			应交税费——应交增值税（进项税额）	27 180.00		
			应付账款——天升公司		233 910.00	
			银行存款		3 270.00	
4	4 1/2		原材料——X 材料	120 000.00		1
			材料采购——X 材料		110 000.00	
			材料成本差异——X 材料		10 000.00	
	4 2/2		原材料——Y 材料	90 000.00		1
			材料成本差异——Y 材料	10 000.00		
			材料采购——Y 材料		100 000.00	
5			不做账务处理			
6	5		固定资产	70 000.00		2
			应交税费——应交增值税（进项税额）	9 100.00		
			银行存款		79 100.00	
7	6		长期待摊费用	2 644.00		2
			银行存款		2 644.00	
8	7		其他货币资金	120 000.00		1
			银行存款		120 000.00	
9	8 1/2		材料采购——X 材料	84 000.00		2
			应交税费——应交增值税（进项税额）	10 920.00		
			银行存款		94 920.00	
	8 2/2		原材料——X 材料	80 000.00		1
			材料成本差异——X 材料	4 000.00		
			材料采购——X 材料		84 000.00	
10	9		无形资产	60 000.00		2
			应交税费——应交增值税（进项税额）	3 600.00		
			银行存款		63 600.00	
11	10		银行存款	56 000.00		1
			应收账款——华联公司		56 000.00	

续表

经济业务序号	记账凭证序号	摘要（略）	科目名称	借方金额	贷方金额	附原始凭证张数
12	11		销售费用——展览费	2 000.00		2
			银行存款		2 000.00	
13	12		管理费用——中介咨询费	650.00		1
			库存现金		650.00	
14	13		应付账款——吉顺运输公司	22 000.00		1
			营业外收入		22 000.00	
15	14		库存现金	2 000.00		1
			其他应付款		2 000.00	
			包装物摊销期末结转			
16			不做账务处理，期末计算产品成本			
17	15		应收账款——华联公司	633 600.00		1
			主营业务收入		560 000.00	
			应交税费——应交增值税（销项税额）		72 800.00	
			库存现金		800.00	
			成本期末结转			
18	16		其他应收款——李红	1 500.00		1
			库存现金		1 500.00	
19	17		银行存款	23 400.00		1
			应收票据——大宇公司		23 400.00	
20	18		银行存款	60 180.00		2
			短期借款		60 180.00	
21	19 1/2		管理费用——职工困难补助	2 000.00		1
			应付职工薪酬——职工福利		2 000.00	
	19 2/2		应付职工薪酬——职工福利	2 000.00		
			库存现金		2 000.00	
22	20		应收账款——德利公司	480 250.00		1
			主营业务收入		425 000.00	
			应交税费——应交增值税（销项税额）		55 250.00	
			成本期末结转			
23	21		银行存款	200 000.00		1
			预收账款——丰华公司		200 000.00	
24	22		交易性金融资产——成本	72 500.00		2
			投资收益	217.50		
			其他货币资金		72 717.50	

续表

经济业务序号	记账凭证序号	摘要（略）	科目名称	借方金额	贷方金额	附原始凭证张数
25	23 1/3		应交税费——未交增值税	56 700.00		2
			——应交消费税	12 026.00		
			银行存款		68 726.00	
	23 2/3		所得税费用——当期所得税费用	30 000.00		
			应交税费——应交所得税		30 000.00	
	23 3/3		应交税费——应交所得税	30 000.00		
			银行存款		30 000.00	
26	24		管理费用——差旅费	1 628.00		1
			其他应收款——李红		1 500.00	
			库存现金		128.00	
27	25		材料采购——Y 材料	130 000.00		1
			应交税费——应交增值税（进项税额）	16 900.00		
			应付账款——天升公司		146 900.00	
28	26 1/2		其他应收款	14 690.00		
			材料采购——Y 材料		13 000.00	
			应交税费——应交增值税（进项税额转出）		1 690.00	
	26 2/2		原材料——Y 材料	132 000.00		1
			材料成本差异——Y 材料		15 000.00	
			材料采购——Y 材料		117 000.00	
29	27		应付职工薪酬——工资	174 000.00		2
			银行存款		143 794.00	
			应交税费——应交个人所得税		3 406.00	
			其他应收款		26 800.00	
30	28		管理费用	3 600.00		2
			银行存款		3 600.00	
31	29		应付职工薪酬——社会保险费	45 100.00		3
			——住房公积金	30 750.00		
			其他应收款	26 800.00		
			银行存款		102 650.00	

续表

经济业务序号	记账凭证序号	摘要（略）	科目名称	借方金额	贷方金额	附原始凭证张数
32	30		应付职工薪酬——工会经费	3 480.00		1
			银行存款		3 480.00	
33	31		制造费用	5 600.00		2
			生产成本——辅助生产成本（机修）	2 800.00		
			——辅助生产成本（热力）	2 400.00		
			银行存款		10 800.00	
34	32		应收股利	25 000.00		
			投资收益		25 000.00	
35	33 1/2		预收账款——丰华公司	437 310.00		1
			主营业务收入		387 000.00	
			应交税费——应交增值税（销项税额）		50 310.00	
			成本期末结转			
	33 2/2		银行存款	252 790.00		1
			预收账款——丰华公司		252 790.00	
36	34		银行存款	1 200.00		1
			财务费用——利息收入		1 200.00	
37	35		应交税费——应交个人所得税	3 406.00		1
			银行存款		3 406.00	
38	36 1/4		固定资产清理	11 000.00		1
			累计折旧	80 000.00		
			固定资产减值准备	5 000.00		
			固定资产		96 000.00	
	36 2/4		固定资产清理	540.00		1
			库存现金		540.00	
	36 3/4		银行存款	5 700.00		1
			固定资产清理		5 700.00	
	36 4/4		营业外支出	5 840.00		1
			固定资产清理		5 840.00	
39	37		营业外支出	50 000.00		1
			银行存款		50 000.00	

续表

经济业务序号	记账凭证序号	摘要（略）	科目名称	借方金额	贷方金额	附原始凭证张数
40	38		银行存款	25 000.00		1
			应收股利		25 000.00	
41	39		固定资产	60 000.00		1
			待处理财产损溢		60 000.00	
42	40		银行存款	497 250.00		1
			应收账款——德利公司		497 250.00	
43	41		应付职工薪酬——职工教育经费	5 600.00		2
			银行存款		5 600.00	
44	42		固定资产	90 000.00		1
			营业外收入		90 000.00	
45	43		应收账款——科电公司	244 080.00		2
			主营业务收入		216 000.00	
			应交税费——应交增值税（销项税额）		28 080.00	
			成本期末结转			
46	44 1/4		待处理财产损溢	60 000.00		
			以前年度损益调整		60 000.00	
	44 2/4		以前年度损益调整	15 000.00		
			应交税费——应交所得税		15 000.00	
	44 3/4		以前年度损益调整	45 000.00		
			利润分配——未分配利润		45 000.00	
	44 4/4		利润分配——未分配利润	6 750.00		
			盈余公积——法定盈余公积		4 500.00	
			——任意盈余公积		2 250.00	
47	45		营业外支出	20 000.00		1
			银行存款		20 000.00	
48	46		短期借款——成本	100 000.00		1
			应付利息	4 500.00		
			财务费用——利息支出	1 250.00		
			银行存款		105 750.00	

续表

经济业务序号	记账凭证序号	摘要（略）	科目名称	借方金额	贷方金额	附原始凭证张数
49			不做账务处理			
50	47		银行存款	244 080.00		1
			应收账款——科电公司		244 080.00	
51	48		银行存款	100 000.00		1
			递延收益		100 000.00	
52	49 1/2		固定资产清理	135 000.00		1
			累计折旧	45 000.00		
			固定资产		180 000.00	
	49 2/2		其他权益工具投资	110 000.00		1
			银行存款	10 000.00		
			资产处置损益	15 000.00		
			固定资产清理		135 000.00	
53	50		在建工程	600.00		
			库存现金		600.00	
			领用的材料期末结转			
54	51		应收账款——科电公司	87 010.00		2
			主营业务收入		77 000.00	
			应交税费——应交增值税（销项税额）		10 010.00	
			成本期末结转			
55	52 1/2		银行存款	11 700.00		1
			应收账款——翼景公司		11 700.00	
	52 2/2		应收账款——翼景公司	11 700.00		
			坏账准备		11 700.00	
56	53 1/2		材料采购——包装物	9 000.00		1
			应交税费——应交增值税（进项税额）	1 170.00		
			银行存款		10 170.00	
	53 2/2		包装物	8 000.00		1
			材料成本差异——包装物	1 000.00		
			材料采购——包装物		9 000.00	
57	54		长期待摊费用	9 600.00		1
			银行存款		9 600.00	
			期末摊销			

续表

经济业务序号	记账凭证序号	摘要（略）	科目名称	借方金额	贷方金额	附原始凭证张数
58	55		销售费用——广告费	8 600.00		2
			银行存款		8 600.00	
59	56		预付账款	10 000.00		1
			银行存款		10 000.00	
60	57		库存现金	3 800.00		1
			银行存款		3 800.00	
61	58		税金及附加	2 000.00		2
			银行存款		2 000.00	
62			不做账务处理			
63	59		银行存款	87 010.00		1
			应收账款——科电公司		87 010.00	
64	60		银行存款	100 000.00		2
			累计摊销	30 000.00		
			无形资产		110 000.00	
			应交税费——应交增值税（销项税额）		6 000.00	
			资产处置损益		14 000.00	
65	61		制造费用	3 808.00		2
			生产成本——辅助生产成本（机修）	521.00		
			——辅助生产成本（热力）	643.00		
			管理费用——水费	415.00		
			银行存款		5 387.00	
66	62		应付利息	9 000.00		1
			财务费用——利息支出	4 500.00		
			银行存款		13 500.00	
67	63		其他应付款	2 000.00		
			其他业务收入		1 770.01	
			应交税费——应交增值税（销项税额）		229.99	
68	64		应付票据——金豆公司	117 000.00		1
			银行存款		117 000.00	

续表

经济业务序号	记账凭证序号	摘要（略）	科目名称	借方金额	贷方金额	附原始凭证张数
69	65		税金及附加	3 400.00		1
			应交税费——应交车船税		3 400.00	
			应交税费——应交车船税	3 400.00		
			银行存款		3 400.00	
70	66		银行存款	400 000.00		2
			坏账准备	2 800.00		
			投资收益	157 200.00		
			应收账款——德利公司		560 000.00	
71	67		管理费用——业务招待费	8 549.00		2
			银行存款		8 549.00	
72	68		待处理财产损溢	60.00		
			库存现金		60.00	
73	69		管理费用	60.00		
			待处理财产损溢		60.00	
74	70		制造费用	13 475.00		2
			生产成本——辅助生产成本（机修）	4 124.00		
			——辅助生产成本（热力）	1 379.00		
			管理费用——电费	615.00		
			销售费用——电费	236.00		
			银行存款		19 829.00	
75			不做账务处理			
76	71		制造费用	57 000.00		1
			生产成本——辅助生产成本（机修）	7 800.00		
			——辅助生产成本（热力）	9 000.00		
			管理费用	3 000.00		
			销售费用	200.00		
			累计折旧		77 000.00	
77	72		生产成本——基本生产成本（A 产品）	259 600.00		12
			——基本生产成本（B 产品）	209 200.00		
			制造费用	101 600.00		
			生产成本——辅助生产成本（机修）	52 000.00		
			——辅助生产成本（热力）	31 400.00		
			管理费用	18 200.00		
			销售费用	12 000.00		
			在建工程	20 000.00		
			原材料——X 材料		370 000.00	
			——Y 材料		270 000.00	
			包装物		16 000.00	
			低值易耗品		48 000.00	

续表

经济业务序号	记账凭证序号	摘要（略）	科目名称	借方金额	贷方金额	附原始凭证张数
78	73		生产成本——基本生产成本（A 产品）	(8.00)		1
			——基本生产成本（B 产品）	(136.00)		
			制造费用	(288.00)		
			生产成本——辅助生产成本（机修）	(120.00)		
			——辅助生产成本（热力）	(72.00)		
			管理费用	(236.00)		
			销售费用	240.00		
			在建工程	200.00		
			材料成本差异——X 材料		3 700.00	
			——Y 材料		(5 400.00)	
			——包装物		320.00	
			——低值易耗品		960.00	
79	74		银行存款	559 609.00		1
			应付债券——利息调整	40 391.00		
			应付债券——面值		600 000.00	
80	75		生产成本——基本生产成本（A 产品）	126 800.00		1
			——基本生产成本（B 产品）	186 200.00		
			制造费用	12 600.00		
			生产成本——辅助生产成本（机修）	45 000.00		
			——辅助生产成本（热力）	30 000.00		
			管理费用	28 000.00		
			销售费用	8 600.00		
			应付职工薪酬——工资		437 200.00	
81	76		生产成本——基本生产成本（A 产品）	22 190.00		1
			——基本生产成本（B 产品）	32 585.00		
			制造费用	2 205.00		
			生产成本——辅助生产成本（机修）	7 875.00		
			——辅助生产成本（热力）	5 250.00		
			管理费用	4 900.00		
			销售费用	1 505.00		
			应付职工薪酬——职工福利费		61 208.00	
			——工会经费		8 744.00	
			——职工教育经费		6 558.00	

续表

经济业务序号	记账凭证序号	摘要（略）	科目名称	借方金额	贷方金额	附原始凭证张数
82	77		生产成本——基本生产成本（A产品）	60 000.00		1
			——基本生产成本（B产品）	70 000.00		
			制造费用	50 000.00		
			管理费用	15 000.00		
			销售费用	5 000.00		
			生产成本——辅助生产成本（机修）		120 000.00	
			——辅助生产成本（热力）		80 000.00	
83	78		生产成本——基本生产成本（A产品）	160 000.00		1
			——基本生产成本（B产品）	86 000.00		
			制造费用		246 000.00	
84	79		库存商品——A产品	611 000.00		2
			——B产品	540 000.00		
			生产成本——基本生产成本（A产品）		611 000.00	
			——基本生产成本（B产品）		540 000.00	
85	80		坏账准备	8 897.00		1
			信用减值损失		8 897.00	
86	81		固定资产	147 600.00		
			在建工程		147 600.00	
87	82 1/2		交易性金融资产——公允价值变动	37 000.00		1
			公允价值变动损益		37 000.00	
	82 2/2		其他权益工具投资	10 000.00		1
			其他综合收益		10 000.00	
88	83		应收利息	30 000.00		
			投资收益		24 900.00	
			债权投资——利息调整		5 100.00	
89	84		资产减值损失	28 140.00		2
			存货跌价准备		5 460.00	
			固定资产减值准备		22 680.00	
90	85		管理费用	11 000.00		
			累计摊销		8 700.00	
			长期待摊费用		2 300.00	

续表

经济业务序号	记账凭证序号	摘要（略）	科目名称	借方金额	贷方金额	附原始凭证张数
91	86		主营业务成本	1 171 460.79		1
			库存商品——A 产品		609 166.67	
			——B 产品		562 294.12	
92	87		税金及附加	15 550.00		1
			应交税费——应交城市维护建设税		10 885.00	
			——应交教育费附加		4 665.00	
93	88		应交税费——应交增值税（转出未交增值税）	155 499.99		
			应交税费——未交增值税		155 499.99	
94	89 1/2		本年利润	1 537 803.29		
			主营业务成本		1 171 460.79	
			税金及附加		20 950.00	
			投资收益		107 517.50	
			管理费用		98 861.00	
			销售费用		38 381.00	
			财务费用		4 550.00	
			资产减值损失		28 140.00	
			资产处置损益		1 000.00	
			信用减值损失		(8 897.00)	
			营业外支出		75 840.00	
	89 2/2		主营业务收入	1 665 000.00		
			其他业务收入	1 770.01		
			营业外收入	112 000.00		
			公允价值变动损益	37 000.00		
			本年利润		1 815 770.01	
95	90		所得税费用——当期所得税费用	46 577.33		1
			应交税费——应交所得税		46 577.33	
96	91 1/2		递延所得税资产	7 834.50		
			所得税费用——递延所得税费用	7 165.50		
			递延所得税负债		15 000.00	
	91 2/2		其他综合收益	2 500.00		
			递延所得税负债		2 500.00	
97	92		本年利润	83 742.83		
			所得税费用——当期所得税费用		76 577.33	
			——递延所得税费用		7 165.50	

续表

经济业务序号	记账凭证序号	摘要（略）	科目名称	借方金额	贷方金额	附原始凭证张数
98	93		本年利润	1 181 803. 89		
			利润分配——未分配利润		1 181 803. 89	
99	94		利润分配——提取盈余公积	177 270. 58		
			盈余公积——法定盈余公积		118 180. 39	
			——任意盈余公积		59 090. 19	
100	95		利润分配——应付股利	474 018. 69		
			应付股利		474 018. 69	
101	96		利润分配——未分配利润	651 289. 27		
			利润分配——应付股利		474 018. 69	
			——提取盈余公积		177 270. 58	